MÁXIM

Cómo mejorar tu memoria en una tarde

David Valois

© Copyright 2016 David Valois
Todos los Derechos Reservados

Contacto: info@davidvalois.com

Tu Regalo GRATIS

Por confiar en mí, te ofrezco gratis este Report.

Las 3 Claves
Para Llegar Lejos

Son los 3 secretos que sigue la gente con éxito. (Y no es nada de lo que te dijeron).

Sé que intentas tener éxito y no es fácil. No sabes qué cambiar para ganar más dinero, tener mejores relaciones y conseguir una salud increíble.

Pero con Las 3 Claves Para Llegar Lejos descubrirás el método rápido para tener éxito en tu carrera y vida personal.

No creerán en ti pero cuando descubras estas 3 claves...

Descárgalo en **www.llegarlejos.com**

Esta misma tarde puedes tener tu supermemoria

IMAGÍNATE:

- Memorizar los nombres y caras de 30 personas tras mirarles sólo una vez.
- Memorizar un número de 20 dígitos a la primera.
- Memorizar una lista de 20 asuntos en orden.
- Memorizar los datos clave de un discurso según lo oyes.

Pues puedes conseguirlo en una tarde.

Los triunfadores no son más inteligentes que los fracasados. Simplemente, aprovechan mejor su mente. No es que ellos tengan buena memoria y los demás no, sino que conocen el sistema para memorizarlo todo.

La gente admira un cerebro privilegiado (y pagan muy bien por ello)

Te vas odiar por no haber conocido antes estos métodos. *"¿Como no puede descubrir esto antes? ¡Conseguí mi supermemoria en una sola tarde!"* dicen mis clientes.

Pero no te preocupes. A muchos no les enseñaron en el colegio y hoy tienen una memoria prodigiosa. Estás a tiempo de conseguir una supermemoria. Y en una tarde. Todo concentrado en 5 pasos, con técnicas probadas que funcionaron desde la Antigua Grecia hasta hoy. ¿Suena demasiado bueno para ser cierto? Pues lo es. Yo lo practico y funciona. Y tú también podrás..

Pero no te lo voy endulzar. Tendrás que hacer un esfuerzo practicar estos métodos. Pero en una tarde tendrás la base.

... y tu jefe necesita a alguien que se acuerde de todo

Sé que hoy te desesperas por los olvidos. Te gustaría memorizar todo lo que ves para llegar más lejos.

Seguro que has leído buenos libros. Seguro que encontraste las claves y pensaste *"¡Sí, es verdad, qué bueno!"* Pero al de unos días no recordaste ni el 20%. ¿No es terrible perderte tanto conocimiento? ¿Cómo cambiaría tu vida con una gran memoria que recordara el 80% de lo que lees?

Tanto si estás opositando, como si eres estudiante, informático o emprendedor, o simplemente quieres impresionar, mejorarás tu memoria con este sistema en 5 pasos. Y producirás más estés en el sector que estés. Impresionarías, te lo aseguro. La gente se fijará en ti y en tu impresionante memoria. Y tus jefes te aumentarán el sueldo para no perderte, necesitan a su lado a alguien que se acuerde de todo. Tu gran explosión empezará por tu vida laboral y seguirá con proyectos que nunca soñaste. Además de impresionar a los demás y reconocimiento. Pero lo mejor es que ahorrarás años de trabajo porque retendrás todo lo que ves. No perderás media vida releyendo y volviendo a estudiar como hace la mayoría. Ganarás miles de veces el tiempo y dinero invertido en comprar este libro.

¿Y qué potencial tendría tu hijo con una gran memoria?

Imagina a tu hijo sacando mejores notas, haciendo mejor los deberes o eliminando faltas de ortografía. Un niño también conseguirá una buena memoria con este sistema. ¿Qué potencial tendría tu hijo con una supermemoria?

O imagina mejorar también la memoria de tu equipo para que rindan más. Podrás enseñar este sistema a cualquier persona y beneficiarte tú también. Y cuanto antes mejor.

¿Hasta dónde podrías llegar con una Supermemoria?

Imagínate retener ese dato o número de teléfono según lo oyes. Imagina recordar los nombres, datos y detalles de todo el mundo. Imagina sentarte y recordar en un segundo ese teléfono. Imagina ser el único en recordar esa cifra en una reunión. Imagina recitar diez números de memoria. Imagina recordar al momento listas de asuntos pendientes, cifras y códigos. Imagina diseñar complejas operaciones sin esfuerzo gracias retener en tu cabeza miles datos. Todo en tu poder y para siempre. ¿Como de lejos llegarías con una Supermemoria?

Supón que tuvieras que memorizar esta lista en medio minuto:

Cartera, reunión, abogado, informe, debate, bolígrafo, carretera, lámpara, plataforma, división, criptograma, alameda, satisfacción, pestaña, disco

¡Pues podrás!

O que tuvieras que grabar estos teléfonos en tu memoria en un abrir y cerrar de ojos:
001 345 834 567
516 23 52 893 12
0034 724 783 76 54
1004 237 5638 37 28
890 268 3732 3367

¡También podrás! En cuanto termines el libro podrás.

¿Harto de olvidarte cosas?

La memoria es dinero. Mucho dinero.

A lo mejor crees que en tu caso una buena memoria no es imprescindible. Pero una supermemoria te beneficiará siempre. Hace poco el dueño de una empresa que fabrica chips para tarjetas me dijo que no sabía cómo a él podría beneficiarle una supermemoria. Yo no sabía nada sobre la fabricación de chips, pero le pregunté *"¿Cuánto gastas al año para formar al personal?"* Y me respondió: *"Más o menos 400.000 euros."* *"¿Sabías* —proseguí—, *que olvidan el 75% de lo que aprenden? ¡O sea que estás tirando 300.000 euros al año a la basura!"* Sus ojos se abrieron como platos y me prestó toda su atención.

Y el otro día conocí a un camarero de un hotel que memoriza los nombres y detalles de las personas que atiende. Cuando los clientes vuelven al de unos meses, o incluso años, les llama por su nombre y les recuerda algún dato que le dijeron. Con las propinas ha triplicado su sueldo. Las posibilidades de una buena memoria son infinitas.

¿Y tú? ¿Cuánto dinero estás dejando de ganar por no retener todo lo que te cuentan? ¿Cuánto ganarías si no perdieras tiempo con olvidos?

Nadie te pillará en fuera de juego si recuerdas ese dato y solucionas las situaciones más difíciles. No sólo conseguirás un mejor puesto sino que tendrás tu propio imperio de ideas que se transformará en más dinero y más tiempo. Si eres tú el que recita ese dato cuando todo el mundo trata de acordarse... Si eres tú el que se sabe de memoria el teléfono que te salvará de una situación difícil... Si eres tú el que tiene en la memoria listas enteras de datos y códigos... tu poder será inmenso. Planificarás al milímetro a diez años vista, algo al alcance de pocos. Impresionarás. Serás un extraterrestre.

5 Pasos sencillos para que lo consigas en una tarde

Los métodos que descubrirás funcionaron toda la historia, por eso permanecen. Empezaron en la Antigua Grecia hace 2.500 años con Simónides de Ceos y continuaron con el Imperio Romano. Cicerón los utilizó diseñando palacios de la memoria para memorizar miles de palabras. Giordano Bruno refinó estos métodos en el Renacimiento. Y Mateo Ricci y Leibniz los perfeccionaron en los sigilos XVI y XVII. Y hoy Harry Lorayne, Dominic O´Brien o Joshua Foer lo usan con un éxito más que notable.

Y gracias a estos maestros hoy tú también puedes tener una supermemoria. He condensado sus métodos en 5 pasos sencillos para que lo aprendas en una tarde. No perderás meses con cursos de memoria que sólo repetirán estas ideas con más palabras. Tendrás un sistema probado ordenado, y resumido para ti. Sin dispersarse. Un compendio de reglas mnemotécnicas antiguas y modernas. No es un método milagroso. Funcionó ayer y funciona hoy. Y lo mejor es que te llevará sólo una tarde. Luego sólo tendrás que practicar 5 minutos diarios durante un mes para hacerlo tuyo de por vida.

Y seré directo. Hay libros que hasta la mitad no te hablan del método para memorizar. Hablan de relajarte y estados mentales. Pero no te aconsejo decir *"Espera que me relaje"* para memorizar algo en una reunión o cuando alguien te de su nombre. Por eso te ahorraré discursos sobre piscología y te daré los 5 pasos rápidos para que lo consigas.

En este libro tendrás todo sobre asociaciones, palacios de la memoria o sistemas fonéticos. Es un compendio de todas las técnicas, pero diseñado para absorberlo rápidamente. Podría escribir un libro 3 veces más largo. Podría añadir 200 páginas más. Pero conseguir una memoria prodigiosa es tan fácil como este sistema en 5 pasos. Que nadie quiera venderte un método revolucionario porque ya existe. Y no serán complicadas teorías ni vitaminas especiales. Iré al grano para que lo domines en una tarde y asombres mañana mismo.

Conseguir una supermemoria es fácil... ¡Y a cualquier edad!

No nos enseñaron a memorizar y eso perjudicó los estudios. ¿Recuerdas de pequeño en clase? Te preguntabas. *"¿Pero de qué me sirve atender si luego se olvida?"*

También te dijeron que naces con una determinada capacidad de memoria y que decae con el tiempo. Falso. Muchos genios como Picasso consiguieron sus obras maestras pasados los ochenta años. Por eso no necesitas ser joven ni tener ganas de aprender para conseguir una supermemoria. Con 90 años y pensando como alguien de 90 años también lograrás una memoria prodigiosa. Y tampoco necesitas un gran cerebro. El cerebro de los genios es igual que todos, la única diferencia es cómo lo usan.

Vivirás una segunda vida con este sistema para memorizar todo. Y sólo necesitas una tarde.

Todo el mundo habla de tener una buena memoria, pero cuando la consigas…

ÍNDICE

PASO 1
CÓMO ELIMINAR EL ERROR MÁS COMÚN: LOS OLVIDOS

Cómo liberar el genio que llevas dentro
Tú y tu memoria: la sociedad perfecta
La verdad sobre tu memoria
No es tu culpa si no te enseñaron a potenciar la memoria.
Cómo funciona tu memoria... ¡y cómo hacerla funcionar mejor!
En que se equivoca todo el mundo con la memoria
Cómo evitar los olvidos: El Método de la Asociación-Absurda
Cómo lo inusual, lo violento, o lo ridículo te beneficiará
UVI: Las 3 Claves para hacer asociaciones y fundar tu gran memoria
Por qué la exageración te salvará de muchos apuros
¡Ya nunca olvidarás nada!
No existe límite para tu capacidad de memoria.
Más posibilidades que tendrás asociando
El momento clave de tu vida será un éxito... si tienes una buena memoria
CLAVES RÁPIDAS

PASO 2
CÓMO MEMORIZAR GRUPOS DE DATOS

Cómo recordar grupos de datos
El Método de la Historieta
Cómo tu mente será tu agenda diaria
Cuanta más memoria tengas, más creativo serás
El Palacio de la Memoria (también llamado Loci o Habitación Romana)
Cómo tener tu propio Palacio
CLAVES RÁPIDAS

PASO 3
CÓMO ACORDARTE DE TODOS LOS NOMBRES Y CARAS. EL MÉTODO DE LA PALABRA-SUSTITUTA

Recordar nombres da poder
El Método de la Palabra-Sustituta para memorizar nombres
Un atajo para retener muchos más nombres
San Juan y sus hogueras.
La manera de memorizar nombres y asociarles empresas, profesiones y más datos
En los negocios hay que conocer el nombre y algo más
Y también podrás memorizar palabras extranjeras
Y palabras nuevas
Cómo recordar cualquier cara y ponerle nombre
Los 3 Pasos rápidos para recordar una cara
CLAVES RÁPIDAS

PASO 4
RECITAR NÚMEROS DA PODER: CÓMO MEMORIZARLOS
Cómo memorizar cualquier número: el Método de la Palabra-Número
Memoriza teléfonos, claves, fechas y cualquier conjunto de números
Cómo tener ventaja en tu carrera gracias a memorizar números
Cómo recordar fácilmente discursos, informes y presentaciones
Cómo recordar a la primera todo lo que escuchas en un discurso o reunión
Es un método flexible que puedes agrandar
Más ventajas de memorizar discursos
Test para aprender discursos y presentaciones
Una historia real de cómo pasar de una memoria desastrosa a conseguir una memoria increíble
CLAVES RÁPIDAS

PASO 5
TU GRAN ARMARIO PARA ALMACENAR MILES DE DATOS: EL MÉTODO DE LA PALABRA-LLAVE
El sistema para tener un inmenso Armario Mental
El Método de la Palabra-Llave
Imagínate vestido de TUNO con tu guitarra, cantando sobre la mesa del despacho de reuniones.
Cómo memorizar incluso listas de 100 datos en el orden que te interese
Cómo aumentar tu Armario Mental a 1.000, 10.000 o 100.000 posiciones
Cómo crearte más Armarios Mentales:
Cómo memorizar códigos y contraseñas
Ya no olvidarás códigos ni claves
Cómo recordar citas
Tu Armario de Citas, el método para retener todas tus citas y reuniones
Recordar fechas es igual de fácil
Memorizarás incluso tablas de números
Incluso memorizarás (y crearás) códigos visuales
Cómo impresionar a tus amigos (y a cualquiera) con tu nueva supermemoria
La carta perdida
La carta escondida
Cómo recordar todos los números y objetos que quieras
También puedes dominar el alfabeto morse
Ser una enciclopedia andante ¿por qué no?
¡Ya lo dominas! Test avanzados para ser un Genio de la Memoria
Cómo beneficiarte de los Test
CLAVES RÁPIDAS

EPÍLOGO
Cómo conservar (y aumentar) tu nueva supermemoria
Alimentos que potencian la memoria

7 Consejos rápidos para memorizar o estudiar datos
Una buena Memoria alargará tu vida
¿Edad? ¿Qué edad?
Nada beneficia más que invertir en una buena memoria
Una última cosa

Paso 1
Cómo eliminar el error más común: los olvidos

TIENES UNA MENTE gigantesca. Tienes billones de células con posibilidad de crear miles de billones de pensamientos. Tu mente es enorme. Tienes capacidades conscientes y subconscientes que ni te imaginas.

Es mentira que para ser un genio hay que nacer. Tienes ahora todas las facultades para tener una supermemoria.

Si cada conexión entre una de tus células es un pensamiento, las ideas y datos que puedes retener dejarían a cualquier genio universal pequeño.

Tienes todo el potencial, créeme. Aunque te digan lo contrario. Lo tienes todo para ser un genio. (Numerosos casos clínicos reflejan que incluso gente que perdió parte de su cerebro sigue funcionando bien, y algunos extremadamente bien).

Cómo liberar el genio que llevas dentro

Lo primero es creer que puedes. Tu mente te dará lo que buscas. Conseguirás cualquier reto, te harás rico, serás feliz, carismático o endemoniadamente inteligente con una memoria portentosa. Lo que tú quieras.

Puedes memorizar miles de datos, resolver problemas, o diseñar grandes metas. Con tus billones de células tu mente te dará todo lo que le pidas. Y con los 5 pasos para conseguir una supermemoria será rápido. El único obstáculo a ese genio potencial es el pensamiento autolimitador. Pero puedes tenerlo todo. Está demostrado. ¿Cuántas ideas buenas tuviste en tu vida? Pues si tuviste una puedes tener más. Sólo tienes que desearlo. Así que evita el bombardeo externo de "Relájate y disfruta." Porque te relajarás y disfrutarás más con una supermemoria. Y aquí descubrirás los 5 métodos exactos. Así tu mente trabajará diez veces más sin tener que esforzarte diez veces más. A partir de ahora ten un ambicioso plan para duplicar en un mes la información que memorices y tu vocabulario. O para duplicar tu sueldo. Tu mente podrá con todo si la programas bien.

Tú y tu memoria: la sociedad perfecta

Antes que nada tienes que saber que la edad no es impedimento para la memoria. Como dijo el humanista Luis Vives en el siglo *XVI* *"La memoria se acrecienta usando y aprovechándose de ella."* Pero sobre todo se acrecienta sabiendo CÓMO se usa. ¿Por qué tantos niños fracasan en sus estudios? No es porque sean tontos sino porque no saben cómo recordar lo aprendido. En el colegio les mandan recordar enseñanzas, pero no les dicen cómo.

Así que empecemos con un pequeño Test para saber dónde estás. No tiene NADA que ver con tu capacidad de memoria ni lo que vas a conseguir. Pero primero tienes que saber dónde estás.

TEST 1

Estudia esta lista durante 2 minutos. Primero aparece escrito el objeto y después la palabra indicando dónde está ese objeto. Por ejemplo: la bolsa está en la cocina, etc.
Luego tapa la lista y rellena los espacios en blanco. Si aparece el objeto, escribe su lugar y viceversa. Cada acierto vale un punto.

Bolsa / Cocina
Destornillador / Armario
Perro / Manta
Copa / Mesa
Cazuela / Fregadero
Collar / Cajón
Gafas / Periódico
Llaves / Pantalón
Informe / Agenda
Calendario / Puerta

¿Lo tienes? Pues ahora rellena lo espacios en blanco:
Destornillador _____
_____Fregadero
_____Mesa
Perro_____
Llaves _____
_____Cajón
Calendario _____
Gafas_____
Informe_____
_____Cocina

PUNTUACIÓN la primera vez: __

Insisto en que este Test es independiente de tus posibilidades. Es sólo para que sepas dónde estás.

La verdad sobre tu memoria

Muchas mujeres se quejan de tener una memoria pésima. Pero pregúntales por un vestido que vieron en una tienda hace semanas y te lo describirán a la perfección.

Muchos hombres se quejan de tener una memoria pésima. Pero pregúntales por los jugadores de fútbol de primera división y te los recitarán de memoria.

Muchos niños no recuerdan los que les enseñaron en clase y fracasan en el colegio. Pero pregúntales como se pasa determinada pantalla de un videojuego y te darán todo lujo de detalles. ¿Qué pasa entonces? Pasa que...

La memoria es asociación.

Cuando empezaste a escribir a máquina o a conducir, creías que nunca llegarías a dominarlo. Pero luego asociaste y hoy es fácil. Por eso si asocias cualquier dato que te interese con otro ya registrado, será tuyo para siempre. Esa es la clave de una buena memoria. No hay más secretos. Como dijo Schopenhauer, *"Cada uno tiene el máximo de memoria para lo que le interesa y el mínimo para lo que no le interesa."*

No es tu culpa si no te enseñaron a potenciar la memoria.

La memoria reside en el subconsciente. De hecho todo lo que ves a lo largo del día lo almacenas inconscientemente. Sin darte cuenta. Pero tu subconsciente te juega malas pasadas y los olvidos hacen tu vida difícil. Estudiar una carrera es un obstáculo insuperable para muchos. Y peor aún, otros a pesar de saberse la lección suspenden el examen. Es como esa palabra que quieres recordar pero no quiere salir. Ocurre en el peor momento. La memoria te traiciona, o mejor dicho, la manera en que te han enseñado a memorizar te traiciona.

¡Pero se acabó! Con este libro solucionarás los bloqueos. Nada de olvidarse un dato en el momento clave. Conseguirás retener todos los nombres, códigos, números y claves que necesites. Pero primero te diré cómo funciona tu memoria para que internalices las técnicas. Un poco de teoría. Muy rápido.

Cómo funciona tu memoria... ¡y cómo hacerla funcionar mejor!

Sin explayarme mucho para que pases a la acción y veas resultados ya, tienes que saber que tienes 3 tipos de mente:
1. La mente consciente para razonar,
2. El subconsciente para la memoria, sentimientos e imaginación,
3. Y el inconsciente (que forma parte del subconsciente). Es de difícil acceso y ahí archivas tu pasado y

mecanismos de defensa.

Y en cuanto a la memoria tienes 3 tres memorias: La de corto, medio y largo plazo.

- La de corto plazo es el número de teléfono que retienes unos segundos para meterlo en la agenda. O el nombre de la persona que te presentan en una fiesta (que olvidas al de un minuto.)
-
- La de medio plazo es la información que retienes unos días: tus planes para el fin de semana o tus gestiones para mañana.
-
- Y la de largo plazo es la que necesitas para vivir. Para reconocer nombres, caras, direcciones, saber conducir, afeitarte o hablar en tu idioma. Y esta es la memoria sólida que buscas

Y tienes 6 tipos de memoria: la auditiva, la olfativa, la gustativa, la táctil, la quinestésica y la visual. Cada persona tiene una más potenciada que otra. Recuerda ese amigo que recuerda canciones pero lento para acordarse de datos. O esos genios en matemáticas pero que olvidan los nombres y las caras. Pero sólo te interesa un tipo de memoria. Luego te diré cuál.

Estas son sus características:
1. MEMORIA OLFATIVA: Memoriza olores. Los animales la tienen muy desarrollada.

2. MEMORIA GUSTATIVA: ¿Recuerdas tu plato preferido?

3. MEMORIA AUDITIVA: Esa canción que tatarareas.

4. MEMORIA TÁCTIL: Recordar lo percibido a través de la piel.

5. MEMORIA QUINESTÉSICA: Los movimientos aprendidos, como andar en bicicleta o conducir.

¡Y ahora viene la que te interesa!:

6. MEMORIA VISUAL (O FOTOGRÁFICA): La más importante. Es recordar lo que ves. Caras, imágenes, números o códigos. También es leer y almacenar a la vez las imágenes que mientras visualizas. Y si conectas esos datos con otros ya retenidos son tuyos para siempre. Porque somos visuales. Es la mejor memoria para retener datos porque permite asociar. Como si vieras todo en una película. ¿No es fácil recordar las escenas de una película que te gustó? Pues para memorizar información igual.

La clave es asociar. Puedes recodar una imagen que has visto, pero durará poco, tienes que <u>engancharlo con algo</u>. Si memorizas a secas, no asociarás y los datos se perderán. Pero si asocias lo fijarás para siempre en tu cerebro. Es el largo plazo lo que te interesa.

En que se equivoca todo el mundo con la memoria

Existen 2 tipos de datos para memorizar. Los puros y los secuenciales. Un dato puro es la palabra "Namibia." Por si sola no te dirá nada. Sabes que es un país y podrás repetirlo varias veces, pero a medio-largo plazo no lo retendrás. Tienes que asociarlo con algo para fijarlo en tu memoria. Los datos puros como fechas, números, nombres, medidas o cantidades se olvidan si no los asocias.

Y luego están los datos secuenciales. ¿Recuerdas esa película que viste? ¿A que sabes el orden de las escenas? Son datos secuenciales, fáciles de retener porque están asociados por medio de la película. Y por aquí van los tiros de tu Supermemoria. Muchos fracasan al memorizar porque no ligan los datos. Pero si asociaran todo en una película lo tendrían.

Por eso a partir de ahora aprenderás todo como si vieses películas, será divertido. La clave será memorizar de más a menos. Primero controlaras lo grande (las escenas) y luego sus detalles. Para entender una película bien lo primero es conocer el argumento y luego los detalles. Pues lo mismo para memorizar. De arriba a abajo. Primero memorizar el esqueleto y luego el resto. Cada pieza en su sitio. Así no te impresionará lo que tienes que memorizar. Tendrás tu película para incrustar todos los datos que quieras. Y para eso utilizarás la base de todos los métodos: la Asociación-Absurda.

¿A que recuerdas las cosas extrañas y graciosas? Pues asocia de la manera más extraña y llamativa que puedas. Esa es la clave. Que sea ridículo. Que sea exagerado. Eso es lo más fácil de recordar. Así tu capacidad de memoria se multiplicará por cien. Con asociaciones absurdas puedes aprender desde leyes hasta fórmulas matemáticas.

Así que vamos con el primer paso: el Método de la Asociación-Absurda. Es la base de todos los métodos. Sólo con esto conseguirás el 50% de tu Supermemoria. Así que pasemos a la acción.

Cómo evitar los olvidos: El Método de la Asociación-Absurda

"¡Pero si hace un momento lo tenía en la mano!" dicen los que olvidan constantemente. Piensan que se acordarán de todo pero fallan al no asociar. Les falta un ingrediente para encontrar lo que vieron: La Asociación-Absurda.

Cuanto más ridícula, rara o violenta la asociación mejor. Lo inusual y lo obsceno se recuerda fácil. Imagina que dejas tus gafas en una caja de pañuelos al fondo del armario. Pues visualiza poniéndote dos pañuelos en los ojos para ver como si fueran gafas. Usa tu imaginación sin miedo. De lo absurdo te acuerdas. Así en cuanto pienses en tus gafas saldrán automáticamente los pañuelos, su sitio. La asociación absurda hará que una cosa evoque a la otra. Basta con que recuerdes un objeto para acordarte del otro.

Perdemos de cinco a diez minutos diarios de media buscando objetos. Si sumas los minutos perdidos, el resultado son… unas 30-60 horas perdidas al año por los dichosos olvidos. Por eso recordar dónde está todo rebajará varios segundos cada gestión, otra manera de aumentar tu productividad. con una buena memoria.

Cómo lo inusual, lo violento, o lo ridículo te beneficiará

Imagina que quieres esconder un documento importante. Pues asocia su escondite y el documento disparatadamente. Cuánto más absurdo mejor lo recordarás. Imagina que lo guardas en el vestidor del dormitorio de invitados. Pues visualiza como el documento cobra vida y sale del armario para golpear en la cabeza a un invitado que duerme. Ahora ya lo tienes.

¿O quieres guardar las entradas para ese concierto al lado del paragüero? Pues forma otra asociación donde el director del concierto dirige la orquesta con un paraguas. Solo necesitas una imagen. Pero una imagen absurda.

Nunca insistiré demasiado en que hagas asociaciones ilógicas. La mayoría de sistemas de memorización no insisten lo suficiente en esto. Algunos incluso recomiendan asociaciones lógicas, pero no sirven. De lo normal te olvidas. Pero recordarás antes al director del concierto dirigiendo con paraguas que unas entradas del concierto al lado del paragüero.

UVI: Las 3 Claves para hacer asociaciones y fundar tu gran memoria

Los 3 pilares fundamentales para asociar son UBICACIÓN, VINCULACIÓN, IMAGINACIÓN = UVI.
La clave para recordar cualquier dato es una *UBICACIÓN* adecuada, una *VINCULACIÓN* muy absurda e *IMAGINACIÓN* a raudales.

1. UBICACIÓN

Necesitas colgar la información en un punto de partida. Si por ejemplo lo ubicas en una persona, esa persona estará implicada. La ubicación tendrá un significado.

Yo incluso doy a las ciudades un significado. Escogí Buenos Aires para mi lista de compras pendientes (una vez me trajeron un regalo de esa ciudad que me encantó), y si ahora voy a una tienda y quiero saber que tengo que comprar y no olvidarme nada me voy mentalmente a Buenos Aires. Veo que tengo que comprar un cable porque va vestido con el uniforme del River Plate, y también recuerdo que tengo que comprar unos auriculares porque juegan al fútbol con el uniforme del Boca Juniors.

Para las acciones pendientes mi ubicación es Barcelona. Así que si asocio Barcelona con una lluvia torrencial inundando sus calles, sé que tengo que arreglar las goteras de casa.

También utilizo un árbol para asociar lo que tiene prioridad La forma de un pino por ejemplo es similar a un 1. Así que recuerdo algo importante a hacer incrustando un pino en ese nombre o palabra.

La ubicación es clave porque cada sitio tiene que implicar algo.

2. VINCULACIÓN

Vincula los elementos a memorizar. Una imagen rápida. Si por ejemplo en primera posición de tu lista está escribir unas páginas de tu libro vincula libro con árbol.

¿Y cómo vinculas algo más abstracto como

1.) contactar al Sr. Gómez?
2.) analizar los precios de un transporte?
3.) o ir a la notaría a firmar un papel?

Con imaginación. Sigue leyendo.

3. IMAGINACIÓN al poder.

Como te dije haz una Asociación-Absurda fácil de recordar. Que sea divertido. Exagera, da movimiento, pon colores. Imagina a los elementos bailando o pegándose. Que no te avergüencen las escenas más extrañas.

Para asociar árbol con libro puedes doblarlo como una catapulta para lanzar el libro a 500km/h como un arma. Y tus tareas pendientes de contactar al Sr Gómez + terminar el análisis sobre los precios de transporte + ir a la notaría a firmar un papel puede ser: visualizar al Sr. Gómez lanzando con una mano un camión (transporte) por los aires y estampándolo contra una notaría (notaría).

O si al salir de casa no quieres olvidarte un documento importante visualiza como al abrir la puerta de tu casa te caerá un documento gigante encima.

Por qué la exageración te salvará de muchos apuros

Si nunca recuerdas dónde están tus llaves, asocia absurdamente. Acostúmbrate a hacerlo al momento. Si dejas las llaves sobre la mesa del comedor, imagínate al instante trinchando un plato de pollo con las llaves. O arroja mentalmente tus llaves a un plato de sopa salpicando la cara al comensal. Y luego cambia de pensamiento. Ya vendrá la imagen cuando la necesites. Es demasiado fuerte como para olvidarla. Esa La exageración te salvará de muchos apuros.

Con este método también eliminarás para siempre las molestias tipo: *"¿Apagué el horno?"* o *"¿Cerré la puerta con llave?"* Si haces una Asociación-Absurda imaginando como apagas el horno con un extintor o girando las llaves de casa con la boca, sólo necesitarás ese flash para asegurarte.

La clave es ver algo fuera de lo normal para recordar. Los antiguos tutores griegos abofeteaban ligeramente a sus alumnos tras enseñarles una idea importante. Era un método infalible para recordar sus máximas. Y ahora que sabes cómo asociar repite el 1er Test y verás como los resultados son mejores:

TEST 1 (REPETICIÓN)

Utilizarás:
El Método de la Asociación-Absurda

Ya sabes, relaciona estos pares de palabras y escribe lo que falta. Tienes 2 minutos. Cada acierto vale un punto.

Bolsa / Cocina
Destornillador / Armario

Perro / Manta
Copa / Mesa
Cazuela / Fregadero
Collar / Cajón
Gafas / Periódico
Llaves / Pantalón
Informe / Agenda
Calendario / Puerta

Estúdialo 2 minutos, tapa y rellena lo espacios en blanco:

Informe _____
_____ Armario
_____ Mesa
Perro _____
_____ Pantalón
_____ Cocina
Calendario _____
Collar _____
_____ Fregadero
_____ Periódico

PUNTUACIÓN la segunda vez: __

¿Qué tal? ¿Notas el cambio?

¡Ya nunca olvidarás nada!

¿Alguna vez tuviste una buena idea a media noche que olvidaste la mañana siguiente? Pues ya no te pasará, las ideas son demasiado valiosas para dejarlas escapar. Pero no tendrás que levantarte a medianoche, encender la luz y escribirlo. La próxima vez que surja esa idea da la vuelta al despertador y asócialo rápidamente con una imagen de tu idea. O abre el libro de la mesilla por la mitad y déjalo boca abajo en el suelo incrustándole una pista de la idea. A la mañana siguiente recuperarás así tu información.

Así tampoco se escapará ningún pensamiento brillante durante el día. Si de camino al trabajo recuerdas que podrías llamar a alguien que te aconseje bien, asocia esa llamada con algo que veas más tarde. Visualiza la persona a llamar como una caricatura graciosa. Imagina grapando su gran nariz con la grapadora de tu mesa y cuando llegues a la oficina y veas tu grapadora sabrás que hacer.

Eliminarás los olvidos si asocias según surjan las ideas. Entrénate en tu día a día. No te limites a leer estas páginas diciendo que es una gran idea para luego olvidarla. Para aprender a nadar lánzate al agua. Haz el pequeño esfuerzo diario de asociar absurdamente lo que quieras memorizar. Dirás adiós a los olvidos y bienvenidos los primeros datos a tu memoria.

¡Ya has dado un gran paso! Ya tienes tu herramienta clave: la Asociación Absurda. Ahora prueba con estos Test:

> NOTA PARA LOS TEST:
>
> Cuando veas cómo funcionan los Test, sólo tienes que cambiar las palabras, números y/o posiciones para entrenarte con más Test. Tendrás también oportunidades de sobra en tu vida real.

TEST 2

Utilizarás:

El Método de la Asociación-Absurda

Igual que antes: estudia la siguiente lista de objetos relacionados durante 2 minutos, tapa la lista y rellena los espacios en blanco. Un punto por cada acierto.

Lupa / Cuchara
Marrón / Policía
Rascacielos / Calefacción
Hierba / Tos
Hilo / Marea
Cinéfilo / Llanura
Amigo / Tigre
Ratón / Cajón
Traje / Balón
Caballo / Azul

Ahora rellena lo espacios en blanco:
Tos_____
Amigo_____
Llanura_____
Balón_____
Hilo_____
Azul_____
Cuchara_____
Ratón_____
Policía_____
Rascacielos_____

PUNTUACIÓN:__

TEST 3

Utilizarás:

El Método de la Asociación-Absurda

Ahora con tres palabras. Estudia los objetos relacionados durante 5 minutos. Luego tapa la lista y rellena los dos espacios en blanco con el objeto que falta. Medio punto por cada acierto, máximo 10 puntos.

Alambre / Letra / Parque
Video / Armario / Condado
Libro / Guardia / Conejo
Candelabro / Resto / Flor
Sofá / Tabla / Iphone
Bombilla / Reloj / Tarjeta
Gesto / Desayuno / Cristal
Pasillo / Blanco / Noticia
Herida / Ciervo / Imán
Espárrago / Pata / Fiesta

Ahora rellena lo espacios en blanco:

Flor_____ _____
Ciervo_____ _____
Alambre_____ _____
Libro_____ _____
Iphone_____ _____
Cristal_____ _____
Noticia_____ _____
Fiesta_____ _____
Armario_____ _____
Bombilla_____ _____

PUNTUACIÓN:__

TEST 4

Utilizarás:

El Método de la Asociación-Absurda

De nuevo con tres palabras. Ahora algunas son más abstractas para entrenarte a fondo con las asociaciones. Estúdialo 6 minutos, tapa la lista y rellena los dos espacios en blanco. Medio punto por cada acierto. Máximo 20 puntos.

Encantador / Barato / Curva
Salvaje / Pincel / Social
Éxodo / Revista / Dedo
Tenue / Jefe / Escalera

Grande / Tarde / Soleado
Amistoso / Rápido / Pluma
Lluvia / Oftalmóloga / Contento
Perfecto / Pantalla / Alto
Madera / Penumbra / Bosque
Resto / Soltero / Tecla

Ahora rellena lo espacios en blanco:
Perfecto _____ _____
Escalera _____ _____
Revista _____ _____
Tarde _____ _____
Social _____ _____
Bosque _____ _____
Amistoso _____ _____
Soltero _____ _____
Barato _____ _____
Lluvia _____ _____

PUNTUACIÓN:__

No existe límite para tu capacidad de memoria.

Séneca era capaz de memorizar dos mil palabras tras oírlas una sola vez. El rey Ciro podía llamar a los soldados de su ejército por su nombre. Pero también puedes darte una vuelta por cualquier concurso de memoria y verás como gente normal que antes se quejaba de su memoria memoriza barajas enteras de naipes.

No hay buenas o malas memorias sólo hay memorias que vinculan y que no vinculan.

Más posibilidades que tendrás asociando

Algunos buenos memorizadores se valen de su cuerpo para asociar tareas pendientes e ideas. Empezando por la cabeza=1, con sus orejas=2, ojos=3, frente=4, nariz=5 y boca=6, etc., hasta llegar a los dedos del pie, consiguen un objeto donde "colgar" datos mediante la asociación. ¿Ves el potencial ilimitado que tienes para aprender listas y datos con este método? Con las partes de tu cuerpo podrías tener un almacén permanente de datos. Y en orden.

O también podrías visualizar tu cine preferido y guardar ahí mediante asociaciones absurdas los datos que necesites. La pantalla puede ser el número 1, las butacas delanteras el 2, la salida el 3... O podrías usar también el traje que llevas Tu imaginación es el límite.

En los siguientes pasos verás esta y más técnicas para disparar tu supermemoria.

El momento clave de tu vida será un éxito... si tienes una buena memoria

Una última cosa. Tienes que vencer la tentación de anotar algo porque es cómodo. En el mundo de teléfonos móviles donde vivimos que nos hace la vida "más fácil" pierdes un potencial tremendo. Por eso resiste la tentación. Potencia tu memoria para hacerte mejor. Entrénate hoy con pequeñas asociaciones absurdas y te construirás una gran memoria.

Apuntar es fácil; pero así no aumentarás tu memoria. Y con Internet para consultar datos la tentación es aún mayor. Y no digamos si tienes de ayudantes que te recuerden todo. Pero es una trampa, porque tener una supermemoria será fácil si te esfuerzas un poco. Y sobre todo porque un día llegará un momento clave donde agradecerás retener ese dato en tu memoria. Te salvará de un peligro o alguien fundamental reconocerá tu valía.

CLAVES RÁPIDAS:

- Tienes billones de células para crear billones de pensamientos. Tu mente es enorme, sólo necesitas saber CÓMO usarla.
- **La** memoria **es** asociación. **S**i asocias cualquier dato que te interese con otro ya registrado, será tuyo para siempre.
- Cuanto más ridícula, rara o violenta la asociación mejor. Lo inusual y lo obsceno se recuerda fácil.

Paso 2

Cómo memorizar grupos de datos

AHORA VERÁS EL método para memorizar grupos de datos, listas o asuntos pendientes. Conocer en todo momento cifras clave o tu lista de asuntos pendientes, acelerará tus objetivos.

Y ahorrarás tiempo. Las 24 horas del día están para todos, pero con una buena memoria las exprimirás. Planificarás a la perfección y así serás más productivo. Una lista mental ordenada y disponer de cualquier dato al instante acelerará tu futuro.

Pero antes chequea tu situación. Haz este Test para memorizar grupos de datos. Luego lo repetirás con el nuevo método que te daré y verás que cambio.

TEST 5

Memoriza estos términos durante 2 minutos. Luego anótalos en el mismo orden en que aparecen. Ten en cuenta que si uno está fuera de lugar, el resto también lo estará. Suma un punto por cada acierto.

cámara, indio, manzana, turista, pantalla, espejo, azul, melón, cable, boda

PUNTUACIÓN la primera vez: ___

Cómo recordar grupos de datos

Muchos necesitan cinco alarmas y tres agendas para recordar lo que tienen que hacer. *"Así no me olvido de nada,"* dicen. Pero vuelven locos a compañeros, secretarias y familiares con su descontrol. ¿Y si tuvieran un método fiable para memorizar las tareas pendientes? *"¡Me salvaría la vida!"* reconocen.

Pues ese método para memorizar fácilmente grupos tareas, citas y datos existe. Y los memorizarás en orden. Sabrás en todo momento cuál es el primer asunto del día o el octavo. Así repasarás mentalmente en un segundo el próximo día, semana o año. Consiste en partir de un primer elemento y ligar la restante lista con una historieta que te inventes. Así conociendo el primer eslabón de la historia, saldrá el resto sin esfuerzo. Como si vieras una película.

El Método de la Historieta

Para este segundo método vamos con un ejemplo clásico para memorizar datos: tu lista de asuntos pendientes. Así disfrutarás ya de tu nueva supermemoria. Recordando tus tareas a corto, medio y largo plazo ahorrarás mucho tiempo porque repasarás listas y tomarás decisiones a la velocidad del rayo.

Este es el método: reúne tu lista de obligaciones laborales y personales y asocia un objeto tangible a cada tarea. Por ejemplo "camisa" implicaría pasar por la tintorería. Esta sería tu lista:

Recoger la camisa de la tintorería = Camisa
Comprar la comida del gato = Gato
Reunión con el departamento = Mesa
Reserva de sala de reuniones = Hotel
Enviar flores a una amiga con cumpleaños = Flores
Terminar la presentación pendiente = Cuadro
Juntar y ordenar archivos pendientes = Grapadora
Rellamar a los potenciales clientes que contactaste el mes pasado = Teléfono
Reservar billete para viaje = Tren
No olvidar la cita con la peluquería = Peluca

Ahora memoriza estas diez tareas en orden construyendo una Historieta mediante un viejo conocido: las Asociaciones-Absurdas. Y adiós papeles. Ya no los necesitarás. Esta sería la Historieta:

Primero visualiza una **camisa** *como base de partida. Luego asóciala con el siguiente elemento de la lista:* **gato**. *Ya sabes, forma en tu mente una imagen ridícula o imposible. Una camisa que se arroja sobre un gato para comérselo y el gato sale disparado.*

Luego a por la siguiente conexión: asocia **gato** *con* **mesa** *o un objeto que evoque mesa. Si visualizas por ejemplo una mesa en forma de ratón, automáticamente recordarás la mesa cuándo pienses en un gato.*

A continuación, la **mesa** *debe conectarse al* **hotel**: *Visualiza cómo la mesa se hunde en el suelo y cae sobre un hotel destrozando el tejado. (O el trabajo agotador que sería limpiar todas las mesas de un hotel).*

Ahora toca **hotel** *con* **flores**: *Evita las imágenes racionales donde visualizas jarrones en la recepción de un hotel. Eso no es una imagen absurda ni imposible. En cambio, un recepcionista con una margarita en vez de su cabeza que dice "Buenos Días," sí es una imagen absurda y fácil de recordar.*

Flores *con* **cuadro**: *Lo mismo. Visualizar unas flores en un cuadro es muy típico. No lo recordarías. Pero imagina que la margarita que hace de cabeza del recepcionista cobra vida y se come la mitad del cuadro dejándolo inservible. Eso sí es absurdo y perfecto para recordar.*

Cuadro *con* **grapadora**: *¿Te imaginas que el cuadro que quedó inservible por el ataque de la margarita, fuera un valioso VanGogh cuyo lienzo reparas chapuceramente con una grapadora? ¡El cuadro quedará inservible con las grapas!*

Grapadora *con* **teléfono**: *¿Te imaginas silenciar un teléfono golpeándolo fuertemente con esa grapadora de manera que queda hecho trizas?*

Teléfono *con* **tren**: *Los restos del teléfono invaden la vía y hace descarrilar un tren enorme.*

Tren *y* **peluca**: *¿Te imaginas la locomotora de tren con peluca?*

Pues ya tienes tu Historieta. Ahora deja de leer y repasa dos veces. Verás como recuerdas todos los elementos de la lista. Y en orden. También los recordarás de atrás hacia adelante. Piensa en la peluca del tren y verás cómo es fácil retroceder. Puedes elegir cualquier escena e ir de atrás hacia adelante o de adelante hacia atrás. Recordando cualquier eslabón también llegarás al primero y al último. Muy útil para retener cualquier grupo de elementos que siga un orden. Y si algún eslabón se te olvida es que la imagen no era suficientemente absurda. Vuelve atrás y dale vida. Exagera con algo cómico o violento. Que lo veas con claridad.

> Truco:
> Una buena forma de empezar las Historietas es que empiecen por una parte de ti. Una parte de tu cuerpo, tu coche, tu móvil o algo que tengas a mano siempre.

Bien, pues ya sabes memorizar grupos de datos. Y en orden. Mucha información en una sola secuencia fácil de ver. Para comprobarlo deja de leer y e invéntate una pequeña "historia" con 3 de tus asuntos pendientes en un minuto. Ya sabes, exagera todo lo que puedas.

----------1 Minuto----------

Cómo tu mente será tu agenda diaria

Ahora ya puedes memorizar todos tus asuntos pendientes para mañana. Si has podido relacionar 3 puedes con muchos más. Y puedes repasar esa Historieta en tres segundos mientras tomas café, haces ejercicio o te duchas. Y si se te ocurre otra idea sobre la marcha, la incrustas en la Historieta. A lo largo del día puedes visualizar esa Historieta cuando lo necesites, sólo necesitas unos segundos ¿Qué son unos segundos de repaso frente al tiempo rebuscando en notas o tu agenda? Y además no olvidarás datos porque todo va encadenado.

Podrás formar tantas Historietas como necesites. Podrás memorizar los títulos de los libros que quieres leer, memorizar grupos de personas, o retener chistes o estrategias. Las posibilidades son infinitas.

TEST 5 (REPETICIÓN)

Ahora repite el Test 5 con el que empezaste y verás que diferencia gracias al Método de la Historieta. Ya sabes: memoriza en orden los siguientes términos durante 2 minutos. Y suma un punto por cada acierto.

cámara, indio, manzana, turista, pantalla, espejo, azul, melón, cable, boda

PUNTUACIÓN la segunda vez: ___

¿Cómo fue? Como verás tus posibilidades con esta técnica se disparan.

Cuanta más memoria tengas, más creativo serás

Una memoria bien entrenada no sólo te hará único sino que potenciará tu creatividad. Practicando Asociaciones-Absurdas e inventando Historietas desarrollarás tu imaginación. Volverte creativo será otro beneficio de una buena memoria. Así que suelta tu imaginación sin miedo. No visualices datos sin más o se borrarán enseguida. Crea vínculos creativos y memorizarás miles de datos, números y referencias que faciliten tu vida.

Y ahora te daré otro método útil para memorizar grupos de datos en orden:

El Palacio de la Memoria (también llamado Loci o Habitación Romana)

Otra posibilidad que tienes es asociar los datos a memorizar con sitios físicos. La técnica proviene de la Antigua Roma donde Cicerón colocaba imágenes dentro de un espacio visual imaginario ("Mansión Interior" o "Palacio de la Memoria") Así recordaba sus discursos y miles de palabras Cada habitación significaba algo y los objetos dentro de las habitaciones eran ganchos para asociar datos.

Más tarde Quintiliano, hacia el año 95 d.C. describió el método mnemotécnico Loci para asociar datos con lugares de una casa, una calle, o una ciudad. Y Giordano Bruno en el Renacimiento construyó Palacios de la Memoria de mayor complejidad También los usó Mateo Ricci, el jesuita que intentó introducir el Catolicismo en China en el siglo XVI. Su obra "Tratado de la Mnemónica" beneficio enormemente a los ciudadanos chinos de entonces. Todos ellos nos abrieron el mundo de la supermemoria. Hoy los Palacios de la Memoria vuelven a estar de moda al utilizarlos Hannibal Lecter de *El silencio de los corderos* para su portentosa memoria.

> Si quieres saber más te aconsejo el libro *El arte de la memoria* escrito por la historiadora británica F.A. Yates en 1966. Describe los diferentes métodos mnemotécnicos desde la Antigua Grecia hasta hoy.

Cómo tener tu propio Palacio

Tú mismo puedes inventar tus propios palacios y colgar ahí todos los datos que necesites. Puedes elegir un edifico o casa que conozcas. A cada habitación le asocias un tema y le vinculas objetos. O elige un palacio imaginario que "decores" a tu gusto. Tienes cientos de palacios, casas o catedrales, teatros, museos y parques a tu disposición. O elije tu centro comercial más cercano. Será todo de tu propiedad. Luego aprovecha tu memoria visual para fijar vínculos en las habitaciones, pasillos, escaleras o rellanos. Puedes utilizar hasta los cuadros. (Si te interesa, el libro *El Palacio de la Memoria de Mateo Ricci* escrito por Jonathan Spence, describe las construcciones mnemotécnicas que utilizó Ricci en el siglo XIV para potenciar memoria.)

Para empezar entrénate con tu casa. ¿Qué tienes al entrar? ¿Y en la cocina? ¿Y en el salón? ¿Qué puedes vincular ahí? Imagina también tu habitación con su armario, baño propio, cómoda, cama, suelo y techo. ¿Cuantos datos podrías colgar ahí? Por ejemplo para la lista de la compra podrías usar la cocina que renovarías con nuevas vinculaciones según necesites. Si necesitas comprar leche habrá una botella derramando leche sobre el armario, si necesitas miel tendrás un suelo de la cocina pegajoso impregnado de miel que impide andar, etc. La locura que tú quieras. Para la información renovable como una lista de compras, utiliza una misma habitación y para los datos a coleccionar (libros leídos, datos de contactos o asuntos de trabajo) utiliza otras. Tú eliges.

Lo bueno de esta técnica es que permite jerarquías. Una idea principal o un tema irá asociado a una casa o palacio concreto. Luego en cada habitación irán las ideas secundarias. Si has elegido por ejemplo un palacio para tus asuntos pendientes, en una habitación habrá compras pendientes, en otra estrategias a corto plazo y en otra estrategias a largo plazo. Y si quieres memorizar datos de trabajo elige otro palacio, museo o centro comercial y lo vuelves a dividir en categorías: urgente, importante, clientes, finanzas, etc. Así podrás diseñar todos los proyectos y vidas que te gustaría vivir. Podrás usar ciudades enteras y añadirles los palacios y las habitaciones que veas en películas, internet o tus viajes. Por ejemplo los libros leídos irán a la ciudad de Moscú. Ahí tendrás un palacio con sus plantas y habitaciones. Cada planta será un tema: historia, novelas, marketing, literatura en inglés, etc. Seguro que encuentras vínculos para tu biblioteca personal. Y para el trabajo puedes usar París y colgar ahí tus proyectos, datos de personas y cifras. Y para tus sueños y metas personales los rascacielos de Tokio (o los mercados de tu ciudad). Tus posibilidades son infinitas.

Y utiliza tu imaginación al máximo. Puedes decorar las habitaciones con los jugadores de tu equipo de fútbol y asociarles datos. O puedes amueblarla con detalles característicos de tu club y asociarles otros tantos datos. Incluso puedes decorar cada habitación con un equipo que conozcas. O si te gusta leer puedes dedicar estancias a diferentes escritores y asociar detalles de cada autor a cierto tipo de datos. Puedes crear palacios enteros simplemente con tus aficiones.

Y puedes abusar de este sistema sin límite. Puedes fabricarte tus propios Palacios de la Memoria para:

- ser un experto en tu tema o temas favoritos,
- eliminar cualquier olvido,
- planificar mejor y ser creativo al tener a mano todos los datos,
- impresionar a los que te rodean,
- ser más productivo,

Ojo que el palacio no es una solución mágica. Al principio tendrás que esforzarte por asociar y luego repásalo, nada es gratis. Quintiliano ya avisó hace 2.000 años que la clave siempre serás tú asociando, el palacio sólo es una herramienta. Pero con un poco de esfuerzo podrás construir un imperio de datos. Y gracias a retener esos datos podrás codearte con los mejores de tu profesión y vivir la vida que te guste. Porque tu memoria se traducirá en dinero estés en la organización que estés. Tendrás mil ocasiones para beneficiarte de una supermemoria con clientes, jefes o compañeros. Cuanto más retengas sobre las vidas y trabajos de otros más podrás ayudarles. Y ellos confiarán en ese PC andante en que te convertirás. La buena memoria se paga muy bien.

El origen del Palacio de la Memoria

El poeta griego Simónides de Ceos en el siglo V a. C. fue el primero que empleó un sistema similar al Palacio de la Memoria.

Se cuenta que Simónides acudió una vez a un banquete de bodas. En un momento de suerte salió de la casa donde se celebraba el banquete y justo la casa se derrumbó matando a todos los asistentes. Para reconocer a los cadáveres desfigurados requirieron la ayuda de Simónides, que gracias a sus técnicas de asociación de memoria recordó quién era cada uno de ellos por su ubicación. Así nació el método Loci o el Palacio de la Memoria (loci en latín significa lugares).

Probablemente esta historia es más mito que de realidad. El experto en memoria y oratoria Quintiliano en el siglo I d.C. ya cuestionaba un relato del que había oído mil versiones distintas.

Pero la figura de Simónides y su gran aportación a la mnemotecnia es real. Lo confirma una inscripción de 264 a. C. descubierta en la isla de Paros que dice: "Simónides de Ceos, hijo de Leoprepes, inventor del sistema de ayuda-memorias."

Y ahora vamos con unos test para fijar los datos:

TEST 6

Utilizarás:
El Método de la Asociación-Absurda
El Método de la Historieta

Cada uno de estos términos es una tarea a realizar o una cita pendiente. Estúdialos 2 minutos. Y luego repítelos en orden. Ojo que si uno está fuera de lugar, todos los que siguen también lo están.

Suma un punto por cada acierto. Haz el test dos veces para practicar.

reunión, calidad, comida, banco, bombilla, armario, silla, receta, cuadro, carta

PUNTUACIÓN:__

TEST 7

Utilizarás:
El Método de la Asociación-Absurda
El Método de la Historieta

Aprende estos términos en 4 minutos. Después anótalos en el mismo orden en que aparecen. Recuerda una vez más que si uno está fuera de lugar, el resto también. Suma medio punto por cada acierto.

Cines, niño, cinta, artesanía, contenido, suelo, rojo, esperar, mando a distancia, dieciocho, queso, universal, jugar, sillón, pié, playa, lancha, aspiradora, moneda, circuito

PUNTUACIÓN:__

TEST 8

Utilizarás:

El Método de la Asociación-Absurda

El Método de la Historieta

Memoriza estos objetos en 4 minutos. Después anota el nombre en el mismo orden en que aparecen. Atención al orden. Suma medio punto por cada acierto:

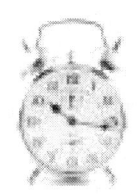

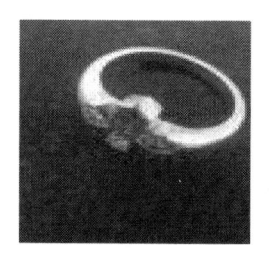

Y ahora repítelos en orden:
1. _____
2. _____
3. _____
4. _____
5. _____
6. _____

7. _____
8. _____
9. _____
10. _____
11. _____
12. _____
13. _____
14. _____
15. _____
16. _____
17. _____
18. _____
19. _____
20. _____

PUNTUACIÓN:_

CLAVES RÁPIDAS:

- Para memorizar un grupo de datos parte de un primer elemento y vincula la restante lista con una historieta que te inventes.
- Podrás formar tantas historietas como necesites. Asociarás desde títulos de libros que quieras leer, hasta chistes. Tus posibilidades son infinitas. Y podrás incrustar nuevos datos en la historieta sobre la marcha.
- Utiliza tus propios Palacios de la Memoria. Serán edificios reales o imaginarios en cuyas habitaciones vincularás fácilmente miles de datos.

Paso 3

Cómo acordarte de todos los nombres y caras. El método de la Palabra-Sustituta

LA GENTE TE testea, créeme. Por eso acordarte de los nombres te abrirá puertas. La gente en puestos influyentes te juzgará por tus reflejos para memorizar nombres al instante. Por un lado juzgará la memoria y por otro un carácter no egoísta que se esfuerza por saber de otros. ¿Por qué favorecer a determinada persona si ni siquiera recuerda su nombre?

Recordar nombres da poder

Imagina encontrarte con tu mejor cliente y su pareja. Si al de un rato se te olvida el nombre de su pareja, algo común, tienes un problema. Porque la gente abre puertas a quién les llama por su nombre, sobre todo si se acaban de conocer. Por eso recordar el nombre es perfecto para ganarte a alguien. Seguro que has oído anécdotas de algún candidato a presidente o algún famoso que repite y recuerda los nombres de las personas que le presentan. ¿Resultado? Votos y aliados.

Por eso tu buena memoria te ayudará a todos los niveles. Recordar datos será grandioso, pero tendrás todavía más ventaja si recuerdas los nombres de las personas. Don Influyente no te olvidará nunca así.

Así que primero comprobemos tu actual nivel de retención de nombres.

TEST 9

Durante 3 minutos intenta memorizar los siguientes nombres con sus apellidos. Luego tapa la lista y rellena los espacios en blanco con el dato faltante. Un punto por cada acierto.

Julia Sensi

Roberto Domeneq
Miguel Cáceres
Leslie Smithsonian
Erica De La Cruz
Sonia Bianchi
Ruud Van Der Meyer
Samuel Tarantini
Marta Campos
Gonzalo Figueroa

Ahora rellena lo espacios en blanco:
Samuel _____
_____ Van Der Meyer
_____ Sensi
Marta _____
_____ De La Cruz
_____ Cáceres
Sonia _____
Roberto _____
_____ Smithsonian
Gonzalo _____

PUNTUACIÓN la primera vez: __

El Método de la Palabra-Sustituta para memorizar nombres

Vamos con el método más efectivo para memorizar nombres: la Palabra-Sustituta. Consiste en dar imágenes a los nombres. La mayoría cree que es imposible recordar un apellido de más de una sílaba y ni siquiera lo intenta. Pero podrían retener un nombre y apellido a la primera.

Si hoy te presentaran a veinte personas en una cena y hablases un par de veces con ellos, olvidarías sus nombres. Seguro. Pero si en esa cena cada nombre te evoca algo todo cambiaría. Por eso trocea cada nombre en algo significativo. Es un pequeño esfuerzo, pero registrarás al momento un nombre que todos olvidan. Imagina por ejemplo que tienes que retener el apellido *Haskoronski*. Pues descomponlo y asocia sus partes con imágenes divertidas:

Hasko - ron - ski:

Hasko = Como el perro **Haski**
ron = Como una botella de **ron**
ski = Como el **esquí**.
Ésto lo puedes visualizar rápidamente:
Un perro **Haski** emborrachándose con una botella de **ron** y lanzándose a **esqui**ar a 200 km/h.

¿Te parece absurdo? Mejor. Con imaginación encontrarás un significado para los nombres y apellidos más raros. Aquí he descompuesto el nombre entero, pero la mayoría de veces valdrá con asociar una sola sílaba. Incluso puedes asociarlas gente famosa. Todo vale. Aquí van más ejemplos.

Sencillos:
- *Sr. PEREIRO* = Visualiza una **PERRERA**
- *BALTASAR* = Piensa en los **REYES MAGOS**
- Sr. *CLUNY* = Visualiza a George **CLOONEY** como tu íntimo amigo

Menos sencillos:
- *ARANLAGOITIA* = **AHORA** van al **LAGO** a zambullir a su **TÍA**
- *SOMEGROW* = El **SOMBRERO** del **OGRO** come-niños
- *BENTHIN* = **VEN** con **TINAJAS** (lleva tinajas en vez de zapatos)

¡La imaginación al poder! A partir de ahora cuando escuches un nombre repítelo 3 veces hasta ver una imagen sustituta. Es más rápido de lo que crees. Repite dos veces el nombre en la presentación y dale la puntilla en la despedida: *"Adiós, Sr. Cazorla, espero verle pronto."* Recuerda que somos increíblemente sensibles a oír nuestro nombre. Así te ganarás a la persona.

Con este método podrás memorizar varios nombres a la vez. Visualízalos con el método de la Palabra Sustituta y luego asócialos con el Método de la Historieta. Así recordarás grupos enteros de personas. Y en orden. ¿Te atreves a memorizar estos nombres en este orden?:

1. Pinedo
2. Van Alpen
3. Fuentes
4. Bizeta
5. Marconi
6. Ryan
7. Gallinat
8. Oropesa
9. Chapuissat
10. Verdún

Así que inventemos una Historieta con las Palabras Sustitutas de los nombres. El tema que elijas te dará el primer eslabón y un punto de partida donde vincular absurdamente el resto de palabras sustitutas. Por ejemplo:

El **pino** que está en los **Alpes** pasando frío, se tira a una **fuente** de agua hirviendo. Mientras ve asustado como una **bicicleta** con **marcos** en vez de ruedas baja a 200km/h sobre un **Río** que va a parar a su fuente. Le acompaña también la **gallina** de los huevos de **oro** con un **chupete** de color **verde** chillón.

Si pudiste ver esa imagen, puedes recordar todo lo que te propongas. Ahora fuérzate a inventar tu propia historia en un minuto.

----------1 Minuto----------

Un atajo para retener muchos más nombres

Obviamente también puedes usar este método con nombres personales. Simplemente sustitúyelo con una Palabra-Sustituta prefijada. Y como la mayoría de nombres se repiten con el tiempo internalizarás rápidamente esa Palabra-Sustituta.

En lugar de *Manolo* = **mano**
En lugar de *Paula* = **aula**
En lugar de *Marcelino* = **pan y vino**
En lugar de *Rosario* = **rosa**
En lugar de *Pedro* = **piedra**
En lugar de *Eduardo* = **dardo**
En lugar de *Cristina* = **piscina**

O elige las tuyas. Tienes mil opciones. Ante la duda reten la primera que se te ocurra:

- *Enrique* podría ser **tabique** o **enroque** (del ajedrez).
- *Julio* podría ser **Julio César** (o todo lo relacionado con los romanos).
- *Pablo* podría ser un **palo**.
- *Juan* podría relacionarlo con la **noche de San Juan** y sus hogueras.

Un ejemplo.
Imagínate que el *Señor BARturen* se llama *EDUARDO*:
-Asocia *BAR* con *DARDO*: Un dardo que sale peligrosamente disparado por la puerta del bar y que te puede dar en un ojo.

O imagínate que la esposa del *Señor MESA*, se llama *ROSArio*:
-Asocia *MESA* con *ROSA:* Una enorme rosa que crece rapidísimo sobre la mesa y hace un agujero en el techo.

Inventa tus palabras. Cualquier cosa, persona o imagen que inventes por exagerada que sea, te servirá. Así podrás también añadir titulaciones o detalles a los nombres. Simplemente añades otra Palabra-Sustituta y haces una Asociación-Absurda. Pruébalo hoy mismo con los nombres de las personas que te presenten o para agrandar lo que ya sabes sobre tus compañeros.

Ahora repite el Test 9 utilizando la Palabra-Sustituta y la Asociación-Absurda:

TEST 9 (REPETICIÓN)

Durante 3 minutos aprende los siguientes nombres con sus apellidos. Luego tapa la lista y rellena los espacios en blanco con el dato faltante. Un punto por cada acierto.

Julia Sensi
Roberto Domeneq

Miguel Cáceres
Leslie Smithsonian
Erica De La Cruz
Sonia Bianchi
Ruud Van Der Meyer
Samuel Tarantini
Marta Campos
Gonzalo Figueroa

Ahora tapa y rellena lo espacios en blanco:
Samuel _____
_____ Van Der Meyer
_____ Sensi
Marta _____
_____ De La Cruz
_____ Cáceres
Sonia _____
Roberto _____
_____ Smithsonian
Gonzalo _____

PUNTUACIÓN la segunda vez:___

La manera de memorizar nombres y asociarles empresas, profesiones y más datos

Como te dije antes, con este método también podrás recordar detalles extra de las personas como la empresa en que trabaja y su puesto. Asociar un nombre a una profesión es una cortesía que puede ganarte un amigo o cliente. Y el método es el mismo, vincular otra Palabra-Sustituta más con una imagen divertida o ilógica.

Un ejemplo:
-**BARBA**ra **MAR**tínez es la directora de la empresa Ban**SOL**:
*Pues imagina una **BARBA** enorme que cubre el **MAR** pero llega el **SOL** y la funde de un rayo.*

Otro ejemplo:
-El Señor **PORRES** trabaja en el **BANCO LABORAL**:
*Piensa en un **PERRO** haciendo **LABOR** sentado en un **BANCO**.*

Si quieres recordar el título de la persona también puedes utilizar palabras prefijadas. Hace años me presentaron a un ingeniero que en ese momento llevaba un casco de protección y desde entonces lo uso para recordar a los ingenieros. A los informáticos les pongo un chip gigante de sombrero y a los que trabajan en finanzas les crecen billetes en la cabellera. Una vez que pierdes el miedo a asociar es fácil añadir nuevos títulos:

- Un *BANQUERO* puede ser un *BILLETE*
- Un *CIENTÍFICO* --> *TUBO DE ENSAYO*.
- Un *DOCTOR* --> *TERMÓMETRO*.
- Un *LICENCIADO* --> tu *LICENCIA* de conducir.
- Un *INGENIERO* --> *PUENTE*.
- Un *GENERAL* --> *TANQUE*.
- Un *DIRECTOR* --> *UN DEDO ÍNDICE QUE APUNTA*,
- Etc.

Ejemplo:
El *DIRECTOR MANOLO POZAS* trabaja en la empresa *TRANSPORTES MONTALVO*:

Pues utilizaremos también Palabras-Sustitutas prefijadas y una Historieta:
Imagina un DEDO QUE APUNTA (**DIRECTOR**) *que pertenece a una MANO* (**MANOLO**) *gigante saliendo de un POZO* (**POZAS**). *Ese mismo dedo aplasta un CAMIÓN* (**TRANSPORTES**) *que va dando botes por un MONTE* (**MONTALVO**).

En los negocios hay que conocer el nombre y algo más

Me ha salvado de más de un apuro memorizar la profesión de alguien. Ahora tengo toda su atención cuando le veo. Así que busca tus asociaciones con imágenes que incluyan nombre, empresa y posición (Palabra Sustituta + Método de la Historieta). Y que sean imágenes excéntricas. Nunca insistiré suficiente en que recordamos lo extraño y divertido.¿A que todavía recuerdas esa escena cómica con tus amigos? ¿A que recuerdas los sucesos extraños?

Algunos me confesaron antes de leer este libro, que sólo recordando el nombre de la persona junto a la empresa correspondiente, estarían más que satisfechos. Pero con este método podrás aprender eso y muchos más detalles que quieras añadir a la persona. Sólo tienes que agrandar la historieta. Con práctica crearás la imagen al momento y la fijarás para siempre.

Así que ahora atrévete con estos Test para ver como tu memoria empieza a estar muy por encima de la media. Ya sabes: Palabra-Sustituta + Historieta + Asociaciones-Absurdas. Superar estos Test será estupendo, pero aplicarlo en tu vida real será mil veces mejor.

TEST 10

Utilizarás:
El Método de la Asociación-Absurda
El Método de la Palabra-Sustituta

En 3 minutos trata de recordar estos profesionales con sus apellidos. Luego tapa la lista y rellena los espacios. Un punto por cada acierto.

Actor	Sr. Mertens
Traductora	Sra. González
Agente literario	Sr. Brahms
Presentadora	Sra. Prats
Sargento	Sr. Sigurvinsson
Arquitecto	Sra. Rosenthal
Directora	Sra. Mobricci
Fontanero	Sr. González
Informático	Sr. Marchegiani
Taxista	Sra. Chen

Ahora tapa y rellena lo espacios en blanco:

_____	Sra. Mobricci
Actor	_____
_____	Sr. Brahms
Traductora	_____
Fontanero	_____
_____	Sra. Prats
Informático	_____
_____	Sr. Chen
Sargento	_____
_____	Sra. Rosenthal

PUNTUACIÓN:__

TEST 11

Utilizarás:
El Método de la Asociación-Absurda
El Método de la Historieta
El Método de la Palabra-Sustituta

Durante 6 minutos memoriza los siguientes nombres y apellidos con sus correspondientes títulos y empresas. Luego tapa la lista y rellena los espacios en blanco. Un punto por cada acierto.

-Alfonso Bendette / Redactor jefe / El Periódico
-Julie Sanders / Presidente / Arkansas Food Corp.
-Antonio Moravia / Consejero Delegado / Pharmaceuticals Union
-Ana Dussier / Responsable Ventas y Marketing / Congelados de Vigo S.L.
-Susana Bóveda / Directora Financiera / Museo Bellas Artes
-Pedro Van Olson / Contable / Cinemas Inc.

-Maria Estepa / Enfermera / Hospital de León
-Franz Russler / Vicepresidente / Corsair
-Juan Prisma / Jardinero / Jardecor
-Fernando Gutierrez / Consultor / Gutierrez y Asociados

Ahora tapa y rellena lo espacios en blanco:

Sr. Moravia   _____ _____
Sr. Sanders   _____ _____
Sr. Dussier   _____ _____
Sra. Bendette   _____ _____
Sr. Prisma   _____ _____
Sr. Gutierrez   _____ _____
Sra. Bóveda   _____ _____
Sr. Russler   _____ _____
Sr. Van Olson   _____ _____
Sra. Estepa   _____ _____

PUNTUACIÓN:___

Y también podrás memorizar palabras extranjeras

La Palabra-Sustituta sirve para retener todo tipo de palabras. También las extranjeras. Imagina que quieres aprender la palabra en inglés **cat=gato**. Pues imagina una **cata** de vinos donde derramas tu vino encima de la camisa.

-O imagina que quieres memorizar la palabra **hall=sala**. El sonido de "Hall" es como "Ja" de risa. Pues imagina una sala abarrotada de gente que se ríe **ja, ja ja** viendo una pelicula de risa.

-O la palabra **silla=chair**, que se pronuncia *cher*. Pues imagínate a la cantante **Cher** sentada en un gran trono.

Prueba este método con cualquier idioma que quieras aprender y verás resultados rápdio.

Y palabras nuevas

Obviamente también vale para agrandar tu vocabulario. Si quieres retener la nueva palabra ***altruismo***, que significa lograr el bien ajeno, imagínate a un gigante muy **Alt**(o) que ayuda a los demás subiéndoles en su mano al piso que desean.

O la palabra ***empatía*** que significa identificarte con otra persona compartiendo su estado de ánimo. Pues te imaginas a tu mejor amigo **empa**(quetando) el mundo entero desde el espacio. Con una palabra sustituta tus posibilidades son infinitas.

Cómo recordar cualquier cara y ponerle nombre

"Hola ¿qué tal...?" Y ahora te gustaría decir su nombre pero no te sale. Lo típico. Te hubiera gustado saberlo para conectar, pero otra vez olvidaste su nombre y pierdes otra oportunidad de un buen contacto.

Siempre llegará un momento donde necesites la ayuda de alguien que te presentaron hace tiempo. Te encantaría encontrártelo y decirle: *"¿Tú eres Joaquín no? Pues precisamente..."* Y Joaquín pensará: *"No solo tiene una memoria increíble sino que tiene la consideración de acordarse de mí. Así que para seguir siendo importante para él le corresponderé."*

Y recordar caras no sólo servirá para ventas o relaciones públicas. Ampliarás tu vida personal con conocidos y conocidos de conocidos que pueden ayudarte muchísimo. Otro de los beneficios de tu supermemoria. Olvidando nombres eliminas buenas relaciones de futuro. En cambio recordándolos tendrás más amigos. Así de sencillo.

Y aquí la clave es una vez más visualizar. Porque seguro que dijiste mil veces *"Me suena esa cara pero no me acuerdo del nombre,"* pero nunca al revés. Y por ahí van los tiros. Ahora te enseñaré el método, pero primero haz este Test para ver tu nivel recordando caras. Cuando lo repitas luego con la nueva técnica que te daré verás que cambio.

TEST 12

Observa la cara de estas personas y memoriza su nombre. Tienes un minuto. No es mucho, pero en la vida real tampoco tendrás más:

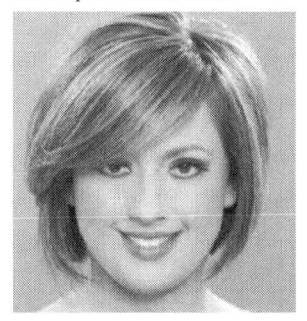

Pandora

Miguel

Sofia

Julio

Penélope

Juan

Maria Antonia

Traute

Luis Cristóbal

Néstor

Y ahora repite sus nombres tras sólo verles la cara:

_____

_____

_____

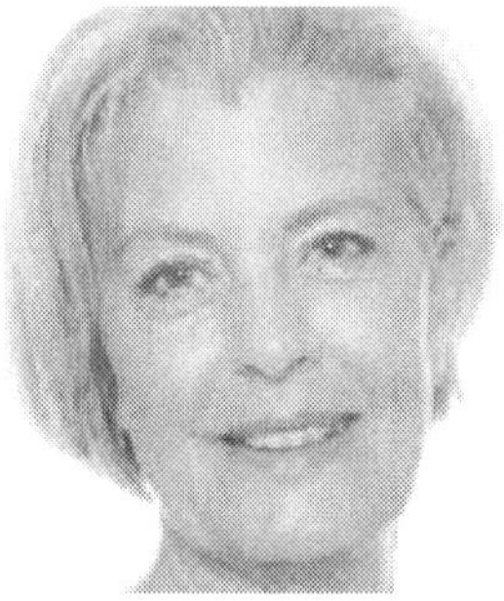

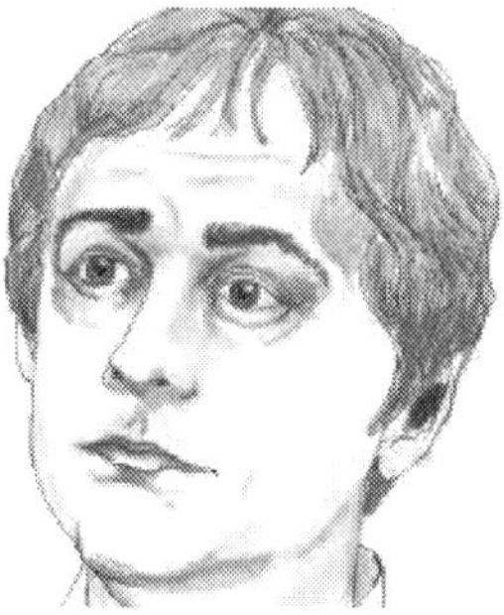

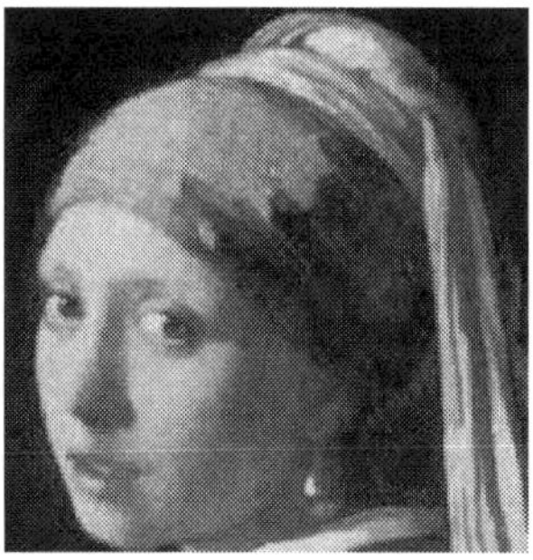

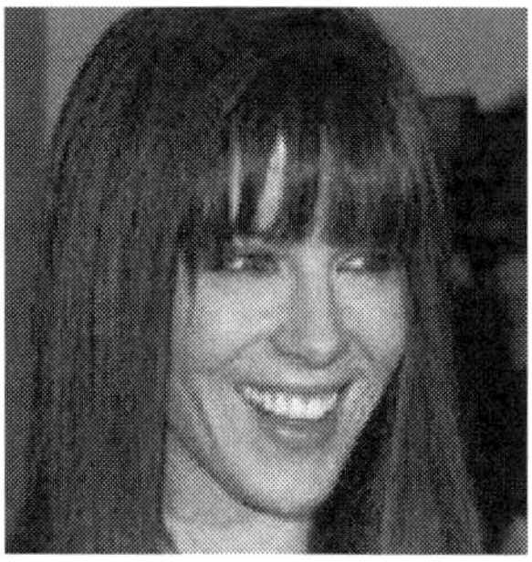

PUNTUACIÓN la primera vez: __

Los 3 Pasos rápidos para recordar una cara

Como te dije, la clave es asociar un rasgo característico de la cara (todos lo tienen) con la palabra sustituta de su nombre. Nada de rimas con el nombre, ni confiarte en que te *Vista la cara, visto el nombre*. Sigue estos 3 pasos:

- 1er Paso: Busca una <u>Palabra Sustituta</u> que represente su nombre
- 2º Paso: Encuentra un <u>Rasgo Destacado</u> en su cara
- 3er Paso: <u>Asocia</u> el Rasgo Destacado de su cara con la Palabra-Sustituta de su nombre

1er Paso: Busca una Palabra Sustituta que represente su nombre:

Crea una Palabra-Sustituta que represente al nombre. Escucha bien. Pide que te lo repita. Le encantará tu interés. ¿Te importó alguna vez repetir el tuyo cuando a alguien le interesó?

Y luego lo repites: "Encantado Sr. Novelda." No parecerás tonto sino educado y con confianza en ti mismo para abrirte a nueva información. Y entonces asociarás *Novelda* con la Palabra-Sustituta *Novela*.

2º Paso: Encuentra un Rasgo Destacado en su cara:

Luego busca lo que más te llame la atención de su cara. Una nariz grande, orejas puntiagudas, frente rugosa, labios finos, cejas pobladas, alto o bajo. Lo primero que te venga a la mente. Rapidez.

Y así te obligarás a mirarle a la cara. ¡Cuánta gente mira a otro lado cuando le presentan a alguien! Inseguridad o arrogancia, pero queda fatal.

3er Paso: Asocia el Rasgo Destacado de su cara con la Palabra-Sustituta

Ya estás por encima del 99% de gente que nunca retiene un nombre. Ahora forma la asociación de ese nombre con su rasgo facial más llamativo. Si te llamó la atención el bigote del Sr. Novelda asócialo al mostacho de los protagonistas de las antiguas novelas del siglo XIX (*Novelda=novela*).

O incrusta una novela mentalmente en su gran frente. Elige lo más ridículo y exagerado.

Estos son los 3 pasos rápidos para retener un nombre nada más decirle "*Hola*" y tras un año saber quién es. Aquí va un ejemplo:

Te presentan al Sr. Requena. *"Hola, soy el Sr. Requena."* Requena piensas, y le miras a la cara. El nombre no te entrará por un oído y saldrá por el otro. Le dedicarás dos segundos. Luego asociarás rápidamente **Requena** con otra palabra, por ejemplo *Raqueta*. Y verás que tiene dos enormes ojos que puedes asociar con dos raquetas de tenis. Ahora cada vez que le veas, colocarás dos raquetas en sus ojos como si fueran sus gafas, y automáticamente te saldrá su nombre: **Raqueta=Requena**.

La receta para retener nombres es escuchar y asociar. Ensaya desde hoy con las personas nuevas que conozcas. Estarás más que preparado cuándo te presenten a la persona que cambie tu vida. Ahora repite el Test que hiciste al principio y verás que diferencia. Y después mejora tu técnica con otro Test adicional.

TEST 12 (REPETICIÓN)

Utilizarás:
El Método de la Asociación-Absurda
El Método de la Palabra-Sustituta

Vuelve a mirar los nombres de las caras del anterior Test y pon los nombres. Verás que fácil esta vez. Tiempo: 1 minuto

Pandora

Miguel

Sofía

Julio

Penélope

Juan

Maria Antonia

Traute

Luis Cristóbal

Néstor

Y ahora repite sus nombres con sólo verles la cara:

_____

_____

_____

_____

_____

_____

_____

_____

_____

PUNTUACIÓN la segunda vez: __

TEST 13

Utilizarás:
El Método de la Asociación-Absurda
El Método de la Palabra-Sustituta
El Método de la Historieta

Tómate 4 minutos para aprender estas caras con sus nombres y su posición. Luego pon nombres a las caras y su posición correcta. Un punto por cada acierto.

1. Sr. Torres

2. Sr. De La Vega

3. Sr. Vanenburg

4. Sr. Pregón

5. Sr. Nart

6. Sr. Boticelli

7. Sr. Garay

8. Sr. Salieri

9. Sr. Bengoechea

10. Sr. Percival

Ahora sin mirar la tabla de arriba, ponles de nuevo el nombre y la posición a estas caras:

___ _____

___ _____

___ _____

___ _____

___ _____

PUNTUACIÓN:__

CLAVES RÁPIDAS:

- Recordando nombres te ganarás a cientos de personas.
- Para memorizar un nombre y los datos que lo acompañan asócialos a Palabras-Sustitutas y únelos mediante una Historieta absurda.
- Para no olvidarte nunca del nombre de una cara asocia un rasgo destacado de esa cara a la Palabra-Sustituta del nombre.

Paso 4

Recitar números da poder: cómo memorizarlos

¿TE SUENA INTENTAR recordar un número y armarte un lío con las cifras? A la mayoría les cuesta recordar números más que cualquier otra información. Los números son conceptos, cuatro es uno menos que cinco. ¿Cómo visualizas eso?

Es fácil. Te daré el método para visualizar números rápidamente. Pero primero intenta el siguiente test para memorizar un número tal y como harías hoy:

TEST 14

Durante un minuto intenta memorizar esta cifra. Luego tápala y repítela sin mirar.

$$9\ 4\ 3\ 0\ 4\ 5\ 6\ 6\ 5\ 8\ 7\ 2\ 0\ 2\ 3$$

PUNTUACIÓN la primera vez: __

Cómo memorizar cualquier número: el Método de la Palabra-Número

Primero voy a enseñarte un antiguo sistema para memorizar números. Consiste en representar los dígitos con palabras formadas por la cantidad equivalente de letras. Por ejemplo para recordar un precio de 982 Euros lo sustituyes por:

ORDENADOR   PORTATIL   XP
(9 letras)   (8 letras)   (2 letras)

Así puedes recordar el precio del ordenador: 982 Euros. Pero es complicado, si el precio fuera 882 Euros ¿cuánto tiempo necesitas para encontrar una primera palabra de 8 dígitos? O imagina que quieres recordar el número 269. Puedes formar la frase: EL (**2** dígitos) HOMBRE (**6** dígitos) INVISIBLE (**9** dígitos). Pero estás vendido. ¿Si fuera 369 que palabra eliges al principio: LOS HOMBRE INVISIBLE?

Este antiguo método puede salvarte de un apuro. Pero no es consistente. ¿Cómo representarías el número 671067612107974? Necesitas un método más rápido: la Palabra-Número. El Método de la Palabra-Número es intuitivo y memorizarás números como un rayo. Se trata de sustituir números por letras. Retener una palabra de 8 letras será más fácil que retener un número de 8 dígitos. Y luego será como leer palabras. Y te admirarán.

Lo primero será buscar sonidos de consonantes que sustituyas por los dígitos del 0 a 9. Serán tus Letras-Número. Por ejemplo la letra **T** servirá para sustituir al dígito **1**. (Y si quieres memorizar un **1** dirás por ejemplo la palabra **Té**). Será más fácil que recordar una cifra sin vida.

Te enseñaré las sustituciones que utilizó yo. Son prácticas y puedes usar las mismas. (También puedes hacer tu propia tabla de correlación del 0 al 9 y listo).

- El **1 = T**
  Una T recuerda en forma al 1.
- El **2 = D**
  Fácil, 2 empieza por D.

Ya tienes los dígitos 1 y 2. Es sencillo. Puedes asimilar el dígito según las formas de las letras o según sus sonidos. Yo las sustituyo generalmente por un sonido, así es más rápido. Sigamos:

- El **3 = R**
  Cuando dices 3 pronuncias la letra R.
- El **4 = C, K o Q**
  Cuatro empieza por C y se pronuncia también con el sonido de la K y Q.
- El **5 = L**
  Aquí no hay asociación fonética. Pero L representa al número romano 50 múltiplo de 5.
- El **6 = S**
  Seis empieza por S y contiene la S.
- El **7 = V**
  Cierto parecido físico del 7 con la mitad derecha de la V. Pero así cubro las letras más utilizadas del abecedario.
- El **8 = F**
  Aquí utilizo el parecido físico de una F minúscula con el 8. Podría utilizar la letra CH, pero al no ser tan común prefiero la F.
- El **9 = N**
  Fácil a nivel de sonidos, 9 empieza por N.

- Y el **0 = M**

    Asocio la M con el 0 porque me imagino a alguien diciendo NADA con la boca tapada exclamando: "*mmmmmmm.*"

Para hacerlo más fácil aumento las asociaciones añadiendo letras a algunos números: Así la opción de Palabras-Número se amplía.

- **1 = P**

    Asocio también la P con el 1 (P de Primero).

- **4 = Z**

    Asocio también la Z con el 4. El sonido de la Z es como una C con las vocales *i* y *e*.

- **7 = B**

    Asocio también la B con el 7 porque su sonido es parecido a la V.

Resumiendo, tenemos estas asociaciones Letra-Número:

ASOCIACIONES LETRA-NÚMERO:
1= T - P
2= D
3= R
4= C - G - Q - K - Z
5= L
6= S
7= V - B
8= F
9= N
0= M

Como te dije, también puedes inventar tu propio sistema. Que estés cómodo. Para los ejemplos seguiremos con este sistema. Es fácil e intuitivo.

Ahora repasa este Método de la Palabra-Número un par de veces hasta aprenderte los dígitos y las letras asociadas. El resto de consonantes las usarás como comodín. La G, la H la J, la W, la X, o la Y puedes usarlas donde quieras. ¿Lo tienes? Entonces traduce las siguientes palabras a dígitos para practicar:

*apartamento=*_____
*vaca=*_____
*sécalo=*_____
*padre=*_____
*falacia=*_____
*Tasmania=*_____
*zalamero=*_____
*albergue=*_____

Método Von Wensshein

Igualmente te doy el método clásico de *von Wennsshein* que asocia los dígitos del 0 al 9 con consonantes. Lo creo Stanislaus Mink von Wensshein sobre 1648. Tony Buzan o Harry Lorrayne también lo describen en sus libros. (En 1730 el inglés Richard Grey lo modificó introduciendo vocales. Pero así lo complicó). Se usan sólo consonantes, que es mejor:

1= t, d   Té
La 't' es similar en forma al 1

2= n, ñ   aÑo
La 'n' tiene 2 palitos. La ñ también

3= m   Moho
La 'm' tiene 3 palitos

4= c, k, q   K.o. (boxeo)
4 empieza por c. k y que suenan parecidos.

5= l   aLa
L en Numeración Romana es múltiplo de 50

6= s, z   oSo
6 empieza por s. z suena parecido

7= f e.F.e.(agencia)
El 7 es como una f invertida

8= ch, g, j   CHé (Guevara)
Ch de ocho

9= v, b, p   Búho
V de nueVe. b y p se pronuncian parecido

0= r   aRo
La letra R contiene un cero

Si te gusta perfecto, pero tienes que estar cómodo. El único método válido es asociar el dígito a una letra que A TI te guste. No hay más que decir aquí.

Memoriza teléfonos, claves, fechas y cualquier conjunto de números

Ya tienes el sistema para traducir números a letras. Si combinas las consonantes asociadas a los 10 dígitos con vocales, memorizarás cualquier número. Inserta las vocales necesarias entre cada consonante y tendrás tantas palabras como quieras. A continuación unos ejemplos con mi sistema:

75 = V+L= La Palabra-Número es **VeLa**
Imagínate un barco de **vela** navegando un día soleado

46 = C+S = **CaSa**
Imagínate una **casa** amarilla…

4313 = C+R+T+R = **CaRTeRa**

Visualiza tu **cartera** llena de billetes…

6923 = S+N+D+R = SaNDRa
¿Conoces alguna **Sandra**?

32923 = O+R+D+N+D+R = ORDeNaDoR
Tú enviando un email urgente con tu **ordenador**…

741 = B+C+T = BoCeTo
Imagina a Leonardo da Vinci garabateando su **boceto**…

65 = S+L= SueLo
Imagina lo que puedes hacer en el **suelo**…

15641 = T+L+S+C+P= TeLeSCoPio
Imagina un **telescopio** gigantesco…

Y ahora viene lo bueno, si los números se alargan, sólo tienes que utilizar más palabras. Muy válido para teléfonos y códigos:

103948 = ToMaR uN CaFé
51949064 = **EL PinGüiNo Me SiGue**
5l80736661= La aLFoMBRa Se aSuSTa

También puedes tener palabras prefijados par los número del 0 al 99 y combinarlas. Pero eso es más práctico para establecer posiciones. Lo veremos luego en el 5º y ultimo método.

Usa aquí también asociaciones divertidas para retener datos. Con el número *5l80736661 = LA ALFOMBRA SE ASUSTA*, imagina una alfombra asustadísima gritando y lanzándose al vacío desde un rascacielos. La imaginación al poder.

O el número **523134616152** divídelo para hacerlo más cómodo y obtendrás por ejemplo:
523 134 616 152 = LADRA TURCO SETOS TOLDO
Y luego asocias las 4 palabras: Imagina como **LADRA** un antiguo guerrero **TURCO** oculto tras un **SETO** y un **TOLDO**.

Y ahora traduce estos números a una expresión. En cuanto ensayes un poco será fácil:
45 465 924 26 2365 4587 25 298 764 66

Como tener ventaja en tu carrera gracias a memorizar números

Las posibilidades del Método de la Palabra-Número son enormes para tu vida profesional. Tendrás un sistema para memorizar números al momento que a otros se les escaparán. Asociando números con sonidos retendrás cualquier cifra. Asombrarás.

Practica hoy en cuanto dejes este libro. Si vas a tomarte un café fíjate en algún número de la máquina de café y memorízalo. Si conduces, transforma las matriculas en palabras. Si alguien te da una cifra, memorízala con una Palabra-Número. Y con el número de tu tarjeta de crédito haz lo mismo. Así en caso de un apuro podrás disponer de ella sin tenerla. Muy útil.

Si ensayas en tu día a día dominarás el Método de la Palabra-Número en dos días. No necesitas tiempo extra, hazlo junto con otras gestiones. Pero ahora viene lo mejor: puedes memorizar varios números a la vez y asociarlos con el Método de la Historieta. Imagina que necesitas aprender 3 códigos de una o un conjunto de números telefónicos. Pues los traduces a una Palabra-Número y los asocias con una Historieta. Verás que cara se le queda a la gente cuando repitas al de un minuto los números que te dieron. Y el alivio cuando pierdas un número de teléfono importante pero lo recuerdes por tenerlo asociado a una Palabra-Número. La gente quedará fascinada. Memorizar datos y cifras no sólo será útil sino que te admirarán.

Con una gran memoria la gente te seguirá. Será como en el cine donde el protagonista gana porque sabe los datos exactos Podrás ser el mejor orador. Darás datos macroeconómicos y argumentos que convencen a cualquiera. Ganarás cualquier debate porque dejarás sin habla a su oponente.

Y ahora repite el Test 14 que hiciste al principio para ver que cambio:

TEST 14 (REPETICIÓN)

Vuelve a intenta memorizar la cifra del anterior test en un minuto asociando en una pequeña frase varias Palabras-Número:

943045665872023

PUNTUACIÓN la segunda vez: __

A continuación más Test para entrenarte a memorizar números.

TEST 15

Utilizarás:
El Método de la Palabra-Número
Ahora memoriza durante 4 minutos estos 5 números de cinco dígitos. Son 2 puntos por cada número memorizado.

90751
29859
23798
19478
20357

PUNTUACIÓN:__

TEST 16

Utilizarás:
El Método de la Palabra-Número

Memoriza durante 4 minutos este número de veinte dígitos. Ya sabes, asocia en una pequeña frase varias Palabras-Número. Medio punto por cada dígito memorizado en su orden correcto.

35871758617510746742

PUNTUACIÓN:__

TEST 17

Utilizarás:
El Método de la Palabra-Número

Ahora memoriza en sólo un minuto este número de diez dígitos. Un punto por cada cifra correcta.

8234509528

PUNTUACIÓN:__

TEST 18

Utilizarás:
El Método de la Asociación-Absurda
El Método de la Palabra-Número

Estudia esta lista durante 5 minutos y memoriza los precios de estos productos asociándolos a cada producto con una Asociación-Absurda. Cada acierto vale un punto.

Refresco:	2.14 Eu
Pendientes:	789.9 Eu
Gasolina:	45.36 Eu
Factura luz:	35.98 Eu
Desayuno:	8.27 Eu
Peluquería:	68.90 Eu
1 kg sardinas:	9.67 Eu
Tintorería:	12.85 Eu
Lámpara:	64.9 Eu

Lavadora:	346 Eu

Ahora rellena lo espacios en blanco:
- Peluquería	_____
- Tintorería	_____
- Refresco	_____
- Pendientes _____
- Desayuno	_____
- Gasolina	_____
- Factura Luz _____
- 1 kg sardinas _____

PUNTUACIÓN: __

TEST 19

Utilizarás:
El Método de la Asociación-Absurda
El Método de la Palabra-Número

Memoriza los siguientes teléfonos con sus personas en 9 minutos. Luego anota los que recuerdes junto a la persona. Cada acierto vale un punto. (Sólo son acierto aquellos que recuerdes enteramente).

- Tienda:	6879366
- Trabajo:	2348883
- Electricista:	4658907
- Doctor Molinero: 5654454
- Panadería:	4780922
- Jardinero:	7768909
- Taxi:	7652230
- Vecina:	2233455
- Seguro médico:	3345617
- Banco:	2227879

Ahora rellena lo espacios en blanco:
- Taxi1 _____
- Vecina	_____
- Panadería	_____
- Trabajo	_____
- Electricista	_____
- Seguro médico	_____
- Doctor Molinero _____
- Jardinero	_____
- Tienda	_____

Banco _____

PUNTUACIÓN:__

Cómo recordar fácilmente discursos, informes y presentaciones

¿Recuerdas cuando tuviste que presentar algo en público? Hablar en público impone. No hace falta un discurso a 300 invitados. Hablar delante de diez conocidos ya es una tortura para muchos. Pero tranquilo, el miedo se irá si recuerdas lo que dirás gracias a estos métodos. El mayor miedo es a quedarse en blanco, pero ese miedo no lo tienen los buenos oradores porque utilizan asociaciones e historietas para sus discursos. Y ahora tú también serás como ellos.

Cómo recordar a la primera todo lo que escuchas en un discurso o reunión

¿Recuerdas también cuando de pequeño te decían que atendieses en clase? *"Sí, ¿pero cómo?"* te preguntabas. Yo me lo preguntaba. ¿De qué servía atender si luego se te olvidaba? No nos enseñaron a memorizar y eso perjudicó los estudios. Pero ahora ya no te ocurrirá con estos métodos. Podrás memorizar cualquier cosa que oigas en un curso o conferencia.

La idea es sencilla: seleccionar las palabras clave de un discurso o reunión y formar una Historieta. Ya sabes emplea Palabras-Sustitutas en lugar de nombres o Palabras-Número que representen números e inclúyelas en una Historieta divertida. Sigue estos pasos:
 1. Recopila las ideas clave.
 2. Obtén palabras clave para esas ideas.
 3. Visualízalas con una Palabra-Sustituta.
 4. Engánchalas mediante una Historieta.

Un ejemplo:
Imagina que tienes que dar una charla a tus empleados y superiores con estos 6 temas principales:
 1. La situación de las ventas
 2. La nueva línea de sierras mecánicas a vender
 3. Los nuevos folletos publicitarios que diseñaste
 4. Necesidad de más formación a vendedores
 5. Las ferias a asistir
 6. El nuevo personal a reclutar

1. Primero obtén las palabras clave que resuman estas ideas:
 1. VENTAS
 2. SIERRAS

3. PUBLICIDAD
4. FORMACIÓN
5. FERIAS
6. PERSONAL

2. Luego asocia esas palabras clave con sus Palabras-Sustitutas y forma una Historieta:
1. VENTAS = VENTANA
2. SIERRAS = Una SIERRA MECÁNICA ROSA (algo extraño, yo hasta ahora no he visto ninguna de ese color)
3. PUBLICIDAD = Un HOMBRE ANUNCIO a la antigua usanza
4. FORMACIÓN = Una PIZARRA gigantesca de 2 kms. cuadrados que el Hombre Anuncio sujeta con un solo dedo
5. FERIAS = Una FERIA encima de la gigantesca pizarra (que también sujeta el hombre anuncio)
6. PERSONAL = Una MANIFESTACIÓN de 1.000.000 personas se dispone a invadir la Feria

3. Haz una breve Historia con todo para retenerlo de un vistazo:

Por una VENTAna se escapa una SIERRA rosa que cae sobre un Hombre ANUNCIO, que sujeta una PIZARRA como una bandeja. Sobre la pizarra se desarrolla una FERIA entera. Y la feria es invadida por una MANIFESTACIÓN de un millón de personas.

Esta Historieta de seis palabras clave te permitirá una charla de 30 minutos o más.

Es un método flexible que puedes agrandar

Si tienes la imagen mental de la estructura de tu discurso no te perderás. Y lo mejor es que es un método flexible, lo puedes estirar como a un chicle. Si te quieres explayarte más puedes agrandar esa Historieta colgándole más Palabras-Sustitutas con nuevos detalles.

Vamos con un ejemplo real que utilizó un amigo mío nerviosísimo ante una presentación de su empresa a la directiva de un cliente potencial. El tenía una distribuidora que vendía ordenadores y me preguntó cómo dar el discurso sin olvidarse de nada. Necesitaba dar una imagen seria recordando detalles. Le explique este método y lo usó. Lo primero fue anotar los puntos clave de su discurso:

- Los nuevos modelos de ordenadores portátiles de la marca L5634
- Los nuevos procesadores Intel Core I7-5960K
- El margen de beneficio ascendió de 3,6% a 6,8% ese año
- El cambio de tendencia en muchos compradores a exigir memorias de 2.0GHz con 3 GB
- La nueva Gama de discos duros, Modelo=657, aumentó su ventas un 22%

Y así lo memorizó:
- Los nuevos modelos de ordenadores portátiles L5634:
ORDENADOR PORTÁTIL se quedó como estaba.

Para L5634 utilizó la Palabra-Número y una asociación (L=L y 5=L, 6=S, 3=R, 4=C M --> **LOLA SURCO**). (Al recordar ya sabía que letras representaban números y que letras permanecían como estaban)

Ya tenía su primera clave imaginándose:

*Su amiga **LOLA** cayéndose en un **SURCO** y rompiendo el **ORDENADOR PORTÁTIL** en mil pedazos*

- Los nuevos procesadores Intel Core I7-6900K:

Para Core usó la asociación **CORO**

I7 lo dejó sin más porque es común en los procesadores

Para 5960K (5=L 9=N 6= S 0=M --> **LANA SUMO**).

Y se imaginó:

*Un **CORO** atando con **LANA** a un luchador de **SUMO***

- El margen de beneficio ascendió del 3,6% al 6,8%:

Para "margen de beneficio" visualizó unas **MONEDAS**.

Para 3,6% (**RISA** con el Método de la Palabra Número)

Para 6,8% (**SOFA** con el Método de la Palabra-Número)

Y se imaginó:

*Las **MONEDAS** se **RÍEN** saltando en el **SOFÁ***

- El cambio de tendencia en muchos compradores a exigir memorias de 2.0GHz con 3 GB:

Para Memorias visualizó un enorme **CEREBRO**

Para 2.0GHz (2=D y G=G) = **DIEGO**

Para 3 GB (3=R y G=G) = **RIEGA** (simplemente visualizó las primeras letras que era suficiente para él)

Y se imaginó:

DIEGO RIEGA** un gigantesco **CEREBRO

- La nueva Gama de discos duros, Modelo=657 aumentó sus ventas un 22%

Para "discos duros" (Un **TOCADISCOS** antiguo)

Para 657 (6=S 5=L V=7 - **SELVA**)

Para 22% (2=D 2=D - **DADO**)

Y se imaginó:

*Un **TOCADISCOS** juega a los **DADOS** en la **SELVA**.*

Mi amigo visualizó todas las escenas sin ningún problema y luego etiquetó cada escena con una palabra clave:

LOLA: *Lola cayéndose en un Surco rompiendo el Ordenador Portátil en mil pedazos*

CORO: *Un Coro ata con Lana a un luchador de Sumo*

MONEDAS: *Las Monedas se Ríen saltando en el Sofá*

RIEGA: *Diego Riega un gigantesco Cerebro*

TOCADISCOS: *Un Tocadiscos antiguo juega a los Dados en la Selva.*

Y para resumir estas frases aglomeró las palabras clave en otra frase, visualizando la siguiente escena:

***LOLA** mete **MONEDAS** en un **CORAZÓN** vivo mientras **RIEGA** un **TOCADISCOS** provocando un cortocircuito.*

Una imagen llamativa para aprenderlo a la primera. A mi amigo le gusto tanto el método y se sintió tan bien dando su discurso magistral (tuvo éxito al hablar con seguridad), que repitió su presentación más veces añadiendo detalles:

- *Nuestro mejor proveedor de **monitores** fue **Laos** S.A.*
  Visualizó Miles de **MONITORES** inundando un **LAGO**.

- *El modelo **G71** (**GAVIOTA**) se ha vendido mejor que el **139** (**TREN**) de la competencia, por lo que lo mantendremos como producto prioritario.*
  Visualizó una **GAVIOTA** gigante destrozando un **TREN** a picotazos.

- Nuestro cliente **Orvis** S.A. (**ÓRBITA**) fue el mejor del año, al realizar un **34%** (**ROCA**) sobre el total de la facturación.
  Visualizó un Satélite en **ÓRBITA** disparando a una **ROCA** lunar.

Como ves las posibilidades son infinitas y puedes construir tus propios discursos combinando los métodos que quieras. Puedes sustituir números por sus equivalentes en letras. Puedes sustituir dígitos de códigos por iniciales de palabras. Y puedes sustituir palabras por imágenes. Elige lo más cómodo para ti y asócialo en una historia.

¿Has visto un discurso perfecto? El orador recuerda detalles sin mirar notas. Hace pausas y recupera el ritmo. Sabe perfectamente que decir en todo momento. Esto le da una seguridad en sí mismo que contagia. Pues tu igual. Con una historia en la mente y sin notas de ayuda lo harás natural. Conociendo los puntos claves hablarás con el corazón y darás un gran discurso.

Más ventajas de memorizar discursos

Éste método también funciona a la inversa. Si memorizas con estas asociaciones las palabras clave de los discursos que oigas, los aprenderás en un santiamén. Podrás asimilarlo todo porque tu oído es cuatro veces más rápido que la velocidad del que habla. Si memorizas según oyes asociando y construyendo historietas, te llamarán genio. Pero simplemente practicarás este método. Pero hazlo ya. No esperes a una conferencia, practica delante de la televisión o con un audiocurso.

Test para aprender discursos y presentaciones:

Ensaya con estos 3 textos. No tienes que repetirlos igual, sino contarlos con tus propias palabras. Y recuerda practicar en tu día a día cuando oigas un curso o leas algo en Internet. ¡Un minuto al día te bastará para mantener tu Supermemoria! Memoriza los datos clave (son pocos) con una *Asociación–Absurda* o una *Palabra-Sustituta*. O sí es un número, con una *Palabra-Número*. Y luego ensámblalo todo con el Método de la Historieta en plan divertido.

TEST 20

Texto 1: Cuidado con dormirse en el avión

En el tranquilo ambiente de business class de un vuelo entre Tokio y Paris, los pasajeros dormían sin saber que un carterista viajaba con ellos.

Poco antes de llegar al aeropuerto Charles de Gaulle, una pasajera descubre que durante su sueño, después de la cena a la carta y las copas de champagne de rigor, alguien había escudriñado su bolso y se había hecho de unos 3.000$ de su propiedad.

Y sí, hay gente que viaja con 3.000 $ en el bolso para gastos. Gente que puede viajar en business class entre Tokio y Paris.

Por lo visto, otros dos pasajeros del mismo vuelo y clase también fueron víctimas del carterista e informaron del robo en el mismo vuelo. El piloto informó a la policía francesa que les esperaba a la llegada. Los pasajeros que ocupaban el sector business se enfrentaron a un breve interrogatorio. Pero claro, ¿a quién echarle la culpa, si cualquiera de ellos podía llevar miles de euros en el bolsillo?

Habrá que añadir un consejo adicional cuando viajes: no dormirás. Ni en business class.

PREGUNTAS
1. ¿Entre que ciudades es el vuelo?
2. ¿En qué aeropuerto aterrizan?
3. ¿Quién descubre el primer robo, un hombre o una mujer?
4. ¿Cuánto dinero le falta?
5. ¿Qué ocurrió tras denunciar el robo en pleno vuelo?
6. ¿Que hizo la policía con los pasajeros?
7. ¿Cuál es el conclusión final de la historia?

TEST 21

Texto 2: Artículo sobre economía y marketing

Para fijar precios se tiene más en cuenta la psicología que las estimaciones de una calculadora.

El sonido de los precios impacta la percepción de si algo es barato o caro. Un estudio a través de una encuesta concluyó que los precios con el sonido *o* son mucho menos positivos que los que utilizan el sonido *e*.

Estas son las conclusiones:

-En la encuesta, la percepción del descuento recibido cuando un precio se bajó de $3 a $2,33 era del 28%.

-Pero cuando el precio se bajó de $3 a $2,22, un descuento de casi 5% más, la percepción del descuento fue sólo 24%, es decir 4% menos.

Rebajar menos el precio venderá más por la percepción de que el sonido *e* es más positivo.

En el mundo de la publicidad hace años que se siguen los impactos psicológicos para decidir campañas. Ahora llegó el turno a la fijación de precios.

PREGUNTAS
1. ¿Qué sonidos diferencian los precios?
2. ¿Cuál es positivo y cuál negativo?
3. ¿En el primer caso cual era la percepción del descuento?
4. ¿Y en el segundo caso?
5. ¿En qué sector ya se investigaban los impactos psicológicos para decidir campañas?

TEST 22

Texto 3: Un fragmento de Sherlock Holmes de Arthur C. Doyle

"Dígame, querido señor," -dijo Holmes, *"¿No le empieza a parecer evidente que este asunto tiene mucha más miga que la que usted o la policía pensaron en un principio? A usted le parecía un caso muy sencillo; a mí me parece enormemente complicado. Considere usted todo lo que implica su teoría: usted supone que su hijo se levantó de la cama, se arriesgó a ir a su despacho, forzó el escritorio, sacó la corona, rompió un trocito de la misma, se fue a algún otro sitio donde escondió tres de las treinta y nueve gemas, tan hábilmente que nadie ha sido capaz de encontrarlas, y luego regresó con las treinta y seis restantes al gabinete, donde se exponía con toda seguridad a ser descubierto. Ahora yo le pregunto: ¿se sostiene en pie esa teoría?"*

PREGUNTAS
1. ¿Qué idea principal matiza Sherlock Holmes al principio?
2. ¿A dónde fue el hijo tras levantarse de la cama?
3. ¿Qué hizo el hijo tras forzar el escritorio?
4. ¿Cuántas gemas había?
5. ¿Cuántas escondió?

¡Ya lo tienes! Recuerda que sólo necesitas ensayar suavemente en tu día a día con cursos y datos que escuches. Un minuto diario bastará para mantener tu supermemoria.

Una historia real de cómo pasar de una memoria desastrosa a conseguir una memoria increíble

Mi amigo Alejandro tuvo siempre una memoria desastrosa. Ya desde pequeño era incapaz de acordarse de nada. Su futuro pintaba gris, perdía horas buscando cosas que no encontraba. Todo lo olvidaba y los estudios fueron un infierno. Una hecatombe para su vida personal también.

Tras acabar el colegio Alejandro consiguió a duras penas un trabajo de vendedor. No quería seguir estudiando porque le costaba un mundo. Pero su falta de memoria le estaba matando. Cuando tenía algún cliente y éste le preguntaba detalles, *"Me gustaría que la máquina tuviese una depreciación anual inferior al 35%. ¿Tu producto lo cumple?"* su respuesta era: *"Un momento..., déjame consultar..."* No sólo daba una imagen lamentable, sino que las búsquedas consumían su tiempo. Adiós venta y adiós comisión. Su memoria le traicionaba. Llamaba a un cliente "Pérez" cuando se llamaba "Del Río." Y por supuesto no sabía si tenía que decir "Sr. Del Río" o "Del Río" a secas. Detalles que podían significar ganarse a alguien o perderlo. Tampoco recordaba los clientes con sus particularidades y así no congeniaba nunca.

A pesar de esta era informatizada, retener nombres y características de las personas posibles es fundamental, cuanto más mejor. ¿Cómo conseguir clientes y contactos nuevos si se olvidan tantos datos? ¿Cómo ganar dinero así? Y en el caso de Alejandro no recordar ni un detalle era un obstáculo para los negocios. Estaba abocado al desastre. Hasta que un día murió mentalmente.

Un día, sin dinero y al borde del desahució, hablamos de la situación. Éramos amigos desde pequeños. Yo tuve más suerte con una memoria normal, aunque tampoco era una maravilla. Pero también tenía problemas para recordar y memorizar. Y decidimos hacer algo para salir de esañ miseria.

Alejandro, aunque su memoria le fallaba, era inteligente. Y reconoció la importancia de una buena memoria. Así que decidimos devorar todo el material sobre la memoria que encontráramos. Fuimos a la biblioteca, (no teníamos dinero para libros) y literalmente nos comimos la documentación que vimos. Y descubrimos que... eran unos métodos sencillos. Practicando un poco, nos construimos pronto una memoria capaz de retener todo. Y retenerlo para siempre. Fue un cambio brutal. Me volví más productivo y tenía más tiempo porque no me olvidaba de nada y planificaba mejor. Por fin conseguía todo lo que me proponía. Fue una revolución. Y el cambio en Alejandro también fue brutal.

Alejandro vivió una segunda vida. Empezó a memorizar todo. Su memoria ya no le fallaba. Ahora si se acordaba de los clientes, sus nombres y sus detalles. Ahora incluso retenía las informaciones más complicadas en su cabeza. Y en 7 meses le ascendieron. Y le concedieron un aumento. Estaba lanzando. Y luego se fue a Barcelona con un trabajo mejor. Una buena oferta gracias a la recomendación de un cliente. Y le perdí de vista.

Pero hace poco vi en el periódico una reseña sobre el ascenso a director general de una conocida organización. Se optó por ese nuevo director por sus buenos resultados organizando y superando objetivos en su anterior empresa. ¿Y en la reseña le vi. ¡Alejandro! No pude evitar sonreír, *"el bueno de Alejandro volando alto."* Me acordaba cuando nadie daba un céntimo por él de pequeño. Y le llamé aquella misma mañana para felicitarle. Hablamos largo y tendido. Y cómo apasionado de la eficacia le dije que me explicará cómo usaba esa memoria que aprendimos juntos. Como se tuvo trasladar a Madrid de nuevo, quedamos un día para comer y me lo contó:

Me dijo que sigue utilizando el Método de la Historieta para retener cientos de datos y operaciones. Que así retiene todas las gestiones pendientes, desde diseñar la previsión de ventas, hasta la supervisión del presupuesto de compra. Y sí, el trabajo le inunda, cada vez debe retener más temas para tomar decisiones. Y también lleva una agenda, por supuesto. Pero para ser eficaz evita la lectura de apuntes. Los tiene sólo por seguridad. La clave son las Asociaciones Absurdas, el Método de la Historieta, la Palabra-Sustituta, la Palabra-Número que viste y el método de las Palabra-Llave que descubrirás luego. Con ellos memoriza todos los datos para tomar decisiones y saberse de memoria la cuenta de resultados de la empresa. Conoce desde la capacidad de inversión que tienen en cada momento hasta los puntos débiles y el estado de los diferentes departamentos. Sabe también la ocupación exacta de los empleados y si hacen un uso eficaz de su tiempo. Recuerda desde quién necesita un curso de formación hasta el tipo de publicidad necesario para subir las ventas. Y retiene también de memoria las características de los 20 productos más vendidos ganándose la confianza de los departamentos. Y además se acuerda de los cumpleaños de cada empleado. *"Cuando la moral de la tropa es alta los resultados se disparan,"* dice.

Alejandro agrega nuevos datos continuamente gracias a los 5 métodos descritos en este libro. Se sabe al dedillo las cuentas de resultados, las inversiones, las tareas pendientes de los empleados, la publicidad necesaria y las fechas clave. Y por supuesto también se beneficia en su vida personal recordando detalles de amigos y recordando todo lo que ha leído.

"La clave es visualizar las imágenes. Basta con concentrarme en la imagen adecuada para tenerlo al momento," dice. *"Para la cuenta de resultados y sus detalles tengo una imagen que parte de una gran moneda. Para las inversiones, parto de una Historieta que empieza con lo imagen de un rascacielos que me recuerda a un banco. Para los detalles de los empleados, tengo Historietas que transcurren en diferentes departamentos. Las inversiones necesarias también las visualizo. Y las fechas y cumpleaños que antes eran un infierno ahora son mi punto fuerte. Ahora la gente reacciona de manera increíble cuando le felicito porque ni siquiera sus compañeros lo recuerdan.*

"Todo cambió con aquellos métodos que aprendimos juntos" reconoce, "Es como si no hubiera límite."

¿Crees que no puede pasarte a ti también? La historia de Alejandro no es única. Cientos de personas fracasadas cambiaron su vida por saber sacar partido su memoria. ¿Porqué no puedes ser tú el próximo Alejandro?

CLAVES RÁPIDAS:

- La clave para memorizar números es sustituir las cifras por letras prefijadas. Retener una palabra de 8 letras será más fácil que retener un número de 8 dígitos. Por ejemplo la letra T sustituirá al dígito 1. (Y si quieres memorizar un 1 dirás por ejemplo la palabra Té). Haz tu propia asociación si quieres. Será más fácil que recordar una cifra sin vida. Y luego será como leer palabras. Y te admirarán.
- Combinando los 4 métodos vistos hasta ahora podrás memorizar cualquier cosa que oigas en un curso o conferencia. La idea es sencilla: selecciona las palabras clave de un curso o discurso y forma una Historieta.

Paso 5

Tu gran armario para almacenar miles de datos: El Método de la Palabra-Llave

CON ESTOS MÉTODOS y el que verás a continuación podrás memorizar cualquier tipo de dato. Ahora conoces estos 4 métodos:
- la Asociación-Absurda,
- la Historieta,
- la Palabra-Sustituta,
- y la Palabra-Número.

Pero necesitas un gran armario mental para englobarlo todo. Nombres, números, códigos y cursos enteros a tu disposición en orden. Y para eso sólo te falta el Método de la Palabra-Llave. Para hacer esa lista tan grande como quieras y saber que va en qué posición. Para memorizar 1.000 o hasta 10.000 datos en un gigantesco armario mental. Será el 5º y último método.

Los 4 métodos que viste hasta ahora y este 5º y último método los dominarás en una tarde. Y a partir de ahí verás que todo es posible. Al final del capítulo te mostraré más posibilidades de retener cualquier dato fácilmente. Impresionarás a la gente.

El sistema para tener un inmenso Armario Mental

Saber que va primero, en 7a. posición, o en la 120ª sin recorrer la lista entera es clave. Y para eso aquí va el 5º y último método: la Palabra-Llave. El que complementa a los demás. Con él memorizarás cientos de elementos con precisión matemática. Como una computadora, podrás retener enormes listas en orden. Y eso está al alcance de pocos. Son palabras mayores.

Ahora recordarás por ejemplo una lista grande de asuntos de trabajo en orden. Cada tarea, nombre, o dato en la posición que te interese. Así si pierdes parte de los datos no habrá problema. Sabiendo en qué posición están los recuperarás. Será la diferencia entre una memoria buena y una prodigiosa.

Pero antes haz este Test para comparar el antes y el después de tener un Armario Mental ordenado.

TEST 22

Ya sabes memorizar una cadena de palabras, pero ahora memoriza estos datos y su posición.
Tiempo: 2 minutos. Cada acierto es un punto.

1. agenda
2. factura
3. folio
4. gafas
5. teléfono
6. calculadora
7. mesa
8. puerta
9. caja
10. tijeras

Ahora tapa y rellena lo espacios. Recuerda que no vale recorrer toda la cadena para averiguar la posición:

5. _____
4. _____
2. _____
9. _____
7. _____
1. _____
3. _____
10. _____
6. _____
8. _____

PUNTUACIÓN la primera vez: __

El Método de la Palabra-Llave

Para guardar posiciones necesitas una Palabra-Llave. Se trata de asociar una posición con una palabra. Así lo visualizarás sin esfuerzo. Este es el método: si por ejemplo quieres visualizar la séptima posición, puedes asociar el 7 con la Palabra-Llave *AVE*. (La V de *aVe* viene del número 7 del Método de la Palabra-Número). Ahora relacionando la *séptima posición* con *ave*, o sea algo que vuele, lo tendrás. Valdrá un águila, un avión o un piloto en su panel de mandos. Todo lo que vuele implicará la 7ª posición. Y ahora solo tienes que asociar eso con el dato que va en esa 7ª posición.

Puedes crear tus propias Palabras-Llave igual que con los otros métodos. Te daré las Palabras-Llave que yo utilizo y con las que me va muy bien. Contienen el mismo sonido que su cifra de la Palabra-Número para asimilarlo mejor. Pero no es imprescindible, puedes elegir las que ñtú prefieras. Para las 10 primeras posiciones estas son:

1.=Tuno

Contiene la T que sustituye fonéticamente al 1. Y rima con uno.

2.=Dado

Contiene la D que sustituye fonéticamente al 2.

3.=Res

Contiene la R que sustituye fonéticamente al 3. Y rima con tres.

4.=Cuadro

Contiene la C de Cuatro y tiene 4 lados. Y rima con cuatro.

5.=Listo

La L sustituye fonéticamente al 5. También rima con cinco.

6.=Seso

Suena parecido al 6 y contiene la S.

7.=aVe

Contiene la V que sustituye fonéticamente al 7. El perfil de una cigüeña tiene cierto parecido.

8.=Fofo

Contiene la F y también rima.

9.=Nuez

Contiene la N y la primera sílaba suena parecida.

10.=Tomo (Libro)

Contiene La T y la M que asocio con 1 y 0.

Resumiendo
1.=Tuno
2.=Dado
3.=Res
4.=Cuadro
5.=Listo
6.=Seso
7.=aVe
8.=Fofo
9.=Nuez
10.=Tomo

Estas Palabras-Llave son fáciles de aprender porque contienen la Letra-Número correspondiente y así son similares al sonido de ese número. Di por ejemplo **Uno** y la letra **T** que le corresponde y tendrás la Palabra-Llave para la 1era. posición = **Tuno**.

Con este sistema ya puedes posicionar. Repásalo hasta retener las diez primeras posiciones. Visualízalas. Crea una imagen exagerada si hace falta:

-Si la 2a. posición es *Dado*, visualiza una arriesgada apuesta con dos matones donde te juegas la vida a los dados.

-Si la 3a. posición es *Res*, puedes visualizar miles de reses corriendo amenazadoramente hacia ti con cara de pocos amigos.

-Si para la 4a. es *cuadro*, imagina un cuadro que roban tirándolo por la ventana rompiendo un cristal.

-Si la 5a. es *Listo*, vale el héroe listísimo de una película, una computadora gigante, o un niño de 9 años genio de las matemáticas.

-Si la 6a es *Seso*, visualiza un seso enorme que cubre un país entero.

-Etc.

Y ahora invierte 2 minutos para quedarte con las 10 primeras Palabras-Llave.

-------------------2 Minutos---------------

¿Lo tienes ya? Compruébalo aquí sustituyendo estas posiciones por sus Palabras-Llave:

9º _____
2º _____
10º _____
4º _____
5º _____
7º _____
8º _____
1º _____
6º _____
3º _____

Ok, ahora a practicar. Ya tienes el sistema completo para tu memoria. Junto con los restantes 4 métodos puedes resolver cualquier situación. Tienes las 5 herramientas para memorizarlo todo y en orden. Memorizarás miles de datos e impresionarás. Vamos con un ejemplo. Imagínate que la séptima tarea de tus tareas pendientes de hoy, consiste en dar una orden de pago. Si visualizas la 7a. posición sin más será imposible, pero si asocias esa 7a. posición=AVE con el banco por el que harás el pago, será fácil. ¡Imagina una cigüeña (AVE) gigante estrellándose contra tu banco y destrozando todo lo que encuentra hasta llegar a la ventanilla! Una vez más la Asociación-Absurda te ayudará.

Imagina que tienes esta lista completa de asuntos pendientes que quieres memorizar en orden:

-1º   Avisar a tus compañeros sobre el cambio de horario de una reunión.

-2º Llamar al Sr. Jiménez para informarle de su pedido.

-3º Pedir hora para la consulta del dentista.

-4º Comer con un amigo.

-5º Chequear si el informe que redactaste es correcto.

-6º Comprar el bono anual para la temporada de conciertos.

-7º Recoger un envío a tu nombre.

-8º Ponerte al día contestando los últimos emails.

-9º Consultar por Internet tu saldo bancario.

-10º Consultar con tu pareja que haréis en vacaciones.

Pues ahora asocia con las Palabras-Llave para memorizar las posiciones:

1º TUNO (1.) + Aplazar reunión

Imagínate vestido de TUNO con tu guitarra, cantando sobre la mesa del despacho de reuniones.

2º DADOS (2.) + Pedido del Sr. Jiménez

Imagínate al Sr. Jiménez arruinando todo su futuro perdiendo a los DADOS en un Casino.

3º RES (3.) + Dentista

Imagina a tu dentista en una plaza de toros intentando sacarle un diente a una RES brava.

4º CUADRO (4.) + Comer con amigo

Imagina a tu amigo haciendo el robo del siglo y escapando con el CUADRO de la Gioconda.

5º LISTO (5.) + Comprobar Informe

Imagina a Einstein (LISTO) comiéndose tu informe.

6º SESO (6.) + Bono para conciertos

Imagina al director de la orquesta con un SESO enorme que te impide ver a los músicos durante el concierto.

7º AVE (7.) + Recoger envío

Imagínate a la cigüeña (AVE), trayendo un envío enorme a tu nombre en vez de un bebé.

8º FOFO (8.) + Contestar Emails

Imagínate comiéndote los emails mientras engordas 100 kgs y te pones FOFO.

9º NUEZ (9.) + Saldo bancario

Imagina a los empleados del banco patinando y cayéndose al suelo porque está lleno de NUECES.

10º TOMO (10.) + Planificar Vacaciones

Imagínate recorriendo los mares del mundo con tu pareja sobre un libro (TOMO) gigante.

Asociar, asociar y asociar Si ahora te preguntan qué iba en 6º lugar recordarás que 6 es Seso. ¡El seso enorme del director de orquesta! Por tanto hay que sacar el bono anual de la temporada de conciertos.

Ahora vuelve a repasar estas asociaciones y completa la posición y la tarea que falta:

9. _____

Informe a comprobar _____

Dentista _____

Recoger envío _____
8. _____
Bono para conciertos _____
10. _____
Planificar vacaciones _____
Contestar Emails _____
1. _____
6. _____
Sr. Jiménez y su Pedido _____
7. _____
Saldo bancario _____
Comer con amigo _____
2. _____
3. _____
Aplazar reunión _____
4. _____
5. _____

¿Te atreves a probar con tu propia lista de asuntos pendientes? Así no necesitarías papeles, ni agendas. Todo en tu cabeza en un segundo. ¿Cuánto tiempo ahorrarías sin rebuscar papeles ni abrir programas de PC? Todos tus datos en un armario y en el orden que te interese. Una Supermemoria te ahorrará tiempo para conseguir más objetivos.

Cómo memorizar incluso listas de 100 datos en el orden que te interese

Y ahora viene lo mejor. Puedes agrandar tu Armario Mental todo lo que quieras. Si encontraste Palabras-Llave para 10 posiciones, puedes encontrar para 20. Apóyate otra vez en el sonido de cada dígito. Estas son las mías:

Palabras-Llave del 11 al 20:

11   Teta (Un pecho)
12   Teddy (¿Conoces algún Ted o Eduardo?)
13   Tarro (Imagínate ese tarro lleno de mermelada)
14   Taco (Para poner debajo de las mesas que cojean)
15   Tila (La bebida tranquilizante)
16   Tos (Como un enfermo)
17   Tubo (Suena como TuVo)
18   Toffee (Como los caramelos de café)
19   Tina (Una tinaja)
20   Dama (Imagina una dama del siglo XIX)

Ahora ya puedes agrandar tu lista al doble. Imagina que la 17ª posición de tu lista es llevar tu coche al taller. Pues visualiza un enorme *Tubo* en forma de chimenea gigante que llevas sobre el parabrisas de tu coche.

Ahora puedes pedir que te reciten 20 datos y repetirlos en orden. Y luego en el orden inverso. Y comprueba las reacciones. Con esto impresionarás aún más. Pero se ambicioso y aumenta tu Armario Mental hasta 100 posiciones. Está claro que no tienes 100 asuntos pendientes para cada día. Pero te servirá para memorizar asuntos pendientes a largo plazo, memorizar títulos de libros que te gustaría leer o leíste, retener datos de personas que conoces o posibles estrategias de futuro. Las posibilidades son ilimitadas. Aquí van las Palabras-Llave del 20 al 100 que yo utilizó y puedes usar tú también:

Palabras-Llave del 20 al 100:

21 Dato
22 Dedo
23 Duro (antigua moneda)
24 Daca (de toma y daca: un partido que nunca acaba)
25 Dalia
26 Odas (un coro cantando)
27 Diva (cantante de ópera)
28 Duffy (nombre inglés)
29 Dona (de donaciones)

30 Remo
31 Rata
32 Rudo (adjetivo)
33 Raro
34 Rico
35 Real
36 Risa
37 Rabo (la B sustituye a la V)
38 Rifa
39 Rana

40 Cima
41 Cata
42 Codo
43 Cara
44 Coco
45 Cala
46 Caso
47 Cueva
48 Café
49 Canoa

50 Lomo
51 Lata
52 Lodo
53 Lira

54 Loco
55 Lelo
56 Ileso (un superheroe)
57 Lava
58 Alfa (la 1era letra del abecedario griego)
59 Lana

60 Asma
61 Asta
62 Suda (de sudar)
63 Sor
64 Saco
65 Silo
66 Soso (adjetivo)
67 Savia
68 Sofá
69 Asno

70 Ave+Amo (un pájaro enjaulado)
71 Voto
72 Vado
73 Avaro
74 Vaca
75 Vela
76 Vaso
77 Vive (De vivir)
78 Ave fea (un pájaro desplumado)
79 Vena

80 Fama
81 Feto
82 Fado (Canción portuguesa)
83 Faro
84 Foca
85 Filo
86 Fase
87 FOB (Siglas de transporte Free On Board. Asócialo con cualquier transporte)
88 Fofo
89 Fan

90 Nemo (El capitán Nemo de la novela de Julio Verne)
91 Nota
92 Nido
93 Nuera
94 Nuca
95 Nilo (el río)

96 Anís
97 Nube
98 NIF (Número de Identificación Fiscal)
99 Nene

100 C (Simplemente asocio el número 100 con una C gigante, tipo media luna.)

Ahora repasa esta lista o haz la tuya. Será tu herramienta definitiva. Muchos se desmoralizan creyendo que no podrán retener listas largas. Pero con Palabras-Llave puedes construirte unas listas mentales impresionantes para almacenar miles de datos.

Las Palabras-Llave también te servirán para memorizar números. Imagina que alguien te dice que según el Artículo 83, hay que subir los precios un 3,2%. Si visualizas un faro (**83=faro**) con una enorme etiqueta de precios en forma de RueDa (**3=R y D=2** del 3,2%) lo tienes. Imagínate repitiéndolo en una reunión 2 meses más tarde. *"Como Vd. dijo. Según el Artículo 83 subimos un 3,2% los precios."* Para tu trabajo estos detalles son decisivos, nadie quiere perder una mente prodigiosa y te retendrán con un ascenso o aumento de sueldo.

> Las Palabras-Llave también sirven para memorizar números largos Por ejemplo un número largo como 9864215795 lo puedes dividir en cifras de dos: 98 64 21 57 95 y luego encadenarlas con una historieta. Las posibilidades de estos métodos son ilimitadas.

Cómo aumentar tu Armario Mental a 1.000, 10.000 o 100.000 posiciones

En cuanto domines este método podrás memorizar miles de datos y detalles. Porque puedes tener un armario mental de 1.000 o más posiciones. Aquí va como ampliarlo.

Ampliación a 100, 200, 300... etc.

De primeras, lo más obvio sería crear más Palabras-Número con 3 sílabas. Por ejemplo la posición **166** sería **TeSiS**, o la **791** sería **NeVeRa**. Podrías hacer números comodín del 101 hasta el 1.000... y necesitarías diseñar otras 900 Palabras-Llave.

Pero es más sencillo, simplemente añade otra asociación. Usa las Palabras-Llave del 1 al 100 y asóciales las centenas 100, 200, 300... o 900. Por ejemplo: para construir el número 789, asocia el 700 con el 89. Los múltiplos de centenas llevarían asociado un tema que se añadiría a la Palabra-Llave del 1 al 100. Yo utilizo estas asociaciones:

  100 = Mi CASA
  200 = El MAR
  300 = Un TREN u otro medio de transporte
  400 = Un CAMPO DE FUTBOL o Rugby (todo relacionado con esos deportes)
  500 = Un DESIERTO
  600 = Una SELVA
  700 = CABALLOS (Yo desde siempre he asimilado el 7 con caballos)

800 = NIEVE

900 = El ESPACIO (todo lo relacionado con viajes espaciales)

Es como añadir un condimento. Tienes una asociación y luego le añades un lugar donde se desarrolla. Por ejemplo, si la escena es en un **tren** (**300**) donde alguien toca la **lira** (**53**) estarías en la posición **353**.

Imagina que te están explicando cómo funciona un sistema de pedidos por ordenador y te dicen que el código 994 es para cancelar las órdenes de pedido. Pues al instante visualizas la Palabra-Llave de 900 y del número 94: Espacio + NuCa. Imagina como das un manotazo en la **nuca** del cliente por cancelar el pedido. ¡Pero lo haces en el **espacio**! Pilotarás una de las naves de Star Wars mientras das un manotazo en la nuca del cliente que es tu copiloto.

Sólo necesitas las Palabra-Llave del 1 al 100 y 9 contextos adicionales para un Armario Mental de 1.000 posiciones. ¿Te das cuenta de las posibilidades? Pero aún hay más:

- Con otras 10 palabras comodín más, podrías obtener 10.000 (10 x 1.000) datos más en tu memoria. Sería la Palabra-Llave más 2 asociaciones.
- Con 10 asociaciones más, podrías retener hasta 100.000 (10 x 10.000) datos. Sería la Palabra-Llave más 3 asociaciones.
- Y con 10 asociaciones más llegarías al millón.

Es posible que nunca necesites un casillero de 1 millón, pero que sepas que está a tu servicio. Que tus posibilidades para una memoria ilimitada están ahí.

IDEA: Si quieres tener varias listas, por ejemplo una a nivel profesional, otra para lo personal y otras para otros asuntos, la solución también sería asociarle algo a cada una. Por ejemplo: a la lista profesional le asocias un sol o buen tiempo y a la personal le asocias el sitio donde vives. Elije lo que más te guste.

Y recuerda también tu viejo amigo el Palacio de la Memoria. Siempre podrás asociar diferentes temas a una determinada habitación o a un palacio entero.

Cómo crearte más Armarios Mentales:

Las posibilidades de crear tus propias listas son infinitas. Lo mejor es tener una lista maestra como vimos al principio donde cada número se asociaba a una Palabra-Llave (**1=Tuno, 2=DaDo, 3=Res, etc.**) Pero además puedes crear más listas y así tener más Armarios Mentales.

Tienes estas posibilidades adicionales para crear listas. Estas son:

<u>1. Asociar la forma del número a un objeto</u>

Otra posibilidad es formar tus Palabras-Llave con objetos que recuerden a la figura del número.

    -Si el 1 te recuerda a una columna por su forma, puedes asociar el 1 a COLUMNA

    -Si el 2 te recuerda a un pato por su forma, pues utilizas el PATO como Palabra-Llave

    -El 3 lo puedes asociar un TRIDENTE

- El 4 a una SILLA por sus cuatro patas y su forma similar
- El 5 a un RÍO en un mapa por su forma curvada
- El 6 a un RAQUETA (palo + círculo)
- El 7 a un PALO DE GOLF
- El 8 a un MUÑECO DE NIEVE
- El 9 a un MONÓCULO
- Y para el 10 un VIGILANTE (el uno es la lanza y el 0 el propio vigilante)

Y así puedes seguir hasta 100, el límite está en tu imaginación.

2. Asociar a objetos

Puedes asociar un número a determinadas pertenencias. El 1 es tu móvil, el 2 tu ordenador portátil, etc. O asociarlo a la anatomía de tu cuerpo, el 1 es tu cabeza el 2 los brazos, etc.

3. Asociar a personas

Un amigo mío asoció un número a sus amigos y parientes y así se agenció otra lista de 50 posiciones.

Como ves la clave es asociar, es como construir Palacios de la Memoria pero con objetos y personas que te rodean. Así podrás tener varios Armarios Mentales sin que se solapen. Un almacén enorme para tu información. Un almacén donde cabrá todo. ¿Dónde está tu límite así?

Con los 5 métodos que tienes ahora memorizarás CUALQUIER dato. Con Asociaciones Absurdas, Historietas, Palabras Sustitutas, Palabras-Número, y Palabras-Llave para armarios mentales, memorizarás lo que quieras. De hecho, todas las técnicas de memoria que veas serán combinaciones de estos métodos. Compruébalo con estos Test a continuación (Partimos de que ya tienes tu Armario Mental de hasta 20 Palabras-Llave):

TEST 22 (REPETICIÓN)

Utilizarás:
El Método de la Asociación-Absurda
El Método de la Palabra-Llave

Ahora repite el Test del principio pero usando el Método de la Palabra-Llave. Verás cómo has mejorado. Si te preguntan por una posición ya no necesitarás recorrer la cadena.
Tiempo: 2 minutos. Cada acierto es un punto.

1. agenda
2. factura
3. folio
4. gafas
5. teléfono
6. calculadora
7. mesa
8. puerta
9. caja
10. tijeras

Tapa y rellena lo espacios en blanco:

5. _____
4. _____
2. _____
9. _____
7. _____
1. _____
3. _____
10. _____
6. _____
8. _____

PUNTUACIÓN la segunda vez: __

TEST 23

Utilizarás:
El Método de la Asociación-Absurda
El Método de la Palabra-Llave

Aquí va otra cadena de palabras, cada una en su posición. Estúdialas durante 2 minutos. Cada acierto vale un punto.

1. Amistad
2. Pantera
3. Amiga
4. Decisión
5. Bar
6. Incongruencia
7. Palmera
8. Victoria
9. Olimpiada
10. Freír

Estúdialo 2 minutos, tapa y rellena lo espacios en blanco:

1. _____
Bar _____
Decisión _____
2. _____
Olimpiada _____
7. _____
3. _____
Freír _____
Incongruencia _____

8. _____

PUNTUACIÓN:__

TEST 24

Utilizarás:
El Método de la Asociación-Absurda
El Método de la Palabra-Número
El Método de la Palabra-Llave
   Ahora memoriza estas ciudades con sus prefijos telefónicos y su posición. Tómate 4 minutos. Un punto por cada acierto.

1. Bilbao: 94
2. Burgos: 947
3. Barcelona: 93
4. Lugo: 982
5. Teruel: 978
6. Madrid: 91
7. León: 987
8. Cádiz: 956
9. Murcia: 968
10. Palencia: 979

Estúdialo 4 minutos, tapa y rellena los espacios en blanco:

2. _____
9. _____
1. _____
5. _____
7. _____
3. _____
4. _____
10. _____
6. _____
8. _____

PUNTUACIÓN:__

TEST 25

Utilizarás:
El Método de la Asociación-Absurda

El Método de las Palabras-Llave

Aquí va una cadena más grande de tareas pendientes. ¿Sabrías recordar cada tarea y su posición? Tiempo: 5 minutos. Cada acierto vale medio punto.

1. comprar agenda
2. arreglar grifo
3. renovar pasaporte
4. consultar precio
5. reparar cerradura
6. leer informe
7. contabilizar gastos
8. concertar cita
9. comprar billete
10. lavar la camisa
11. reparar rueda
12. tomar pastilla
13. adelantar reloj
14. limpiar la nevera
15. ofertar descuento
16. graduar gafas
17. preguntar dirección
18. revisar coche
19. comprar regalo
20. cambiar bombilla

Estúdialo 5 minutos, tapa y rellena lo espacios en blanco:

14. _____
8. _____
12. _____
20. _____
17. _____
16. _____
19. _____
5. _____
4. _____
5. _____
9. _____
3. _____
6. _____
7. _____
10. _____
11. _____
1. _____
13. _____
18. _____
2. _____

PUNTUACIÓN:__

¿Qué tal fueron los test? Ahora para finalizar verás que puedes memorizar cualquier cosa simplemente combinado los diferentes 5 métodos.

-El método de la Asociación-Absurda
-El método de la Historieta
-El método de la Palabra-Sustituta
-El método de y la Palabra-Número
-El método de la Palabra-Llave

Todo son variantes de estos 5 métodos.

Cómo memorizar códigos y contraseñas

Desde que te levantas hasta que te acuestas, los códigos te rodean. Puedes pasar de ellos, pero ellos no pasan de ti. Para algunas gestiones, necesitarás memorizar códigos. GHT puede significar visualizar el saldo disponible en un software que utilizas. PL cambiar de pantalla, y LIS saldo insuficiente de Stock. Otras veces necesitarás memorizar el código de vuelo GHX45 o que BB456T es la clave para recoger un encargo. Y luego están las contraseñas...

Lo puedes apuntar, sí, pero aparte de que los papeles se pierden, ganarás mucho tiempo sabiéndolo al momento. Y darás una increíble impresión. Y no sólo es por ti. ¿Cuánto más rendiría tu equipo si les enseñas esto?

Pero como ya tienes métodos para memorizar datos, nombres y números, también puedes combinarlos para los códigos. Es fácil. Por ejemplo para recordar letras de códigos puedes usar una misma palabra asociada a una letra. Una opción sería:

A – Asa
B – Bebé
C – Celda
CH - Chapa
D - Dedo
E - Europa
F - Fuego
G - Gema
H - Héroe
I – Ira
J – Ja (Ja Ja Ja = Risa)
K - Kilos
L – La La La (Cantar)
M - Mudo
N - Nadar
Ñ - MoÑo

O - Ogro
P - Padre
Q - Queso
R - Ruido
S - Seso
T - Té
U – Ubicación
V - Venecia
W - Whisky
X - Xilofón
Y - Yoga
Z – Zas (como un golpe)

No tienes que pensar mucho: la primera letra de la palabra coincide con la letra que representa.

Otra posibilidad es que la palabra asociada coincida con la forma de la letra:
A=Tejado
B=Muñeco de nieve
C=Media Luna
etc.

Y también existe un alfabeto fonético internacional. Se diseñó en 1927 para entenderse a pesar de ambigüedades idiomáticas en el servicio móvil marítimo: Alfa es para la A, Bravo para la B, etc. Así cualquiera puede recibir mensajes de voz por radio o teléfono independientemente de su idioma. Tras revisiones sucesivas, en 1956 la ICAO lo revisó hasta que fue aceptada por organizaciones como la OTAN y la OMI (Organización Marítima Internacional). Hoy es el "Alfabeto Internacional de Deletreo Radiotelefónico." Aquí va:

ALFABETO FONÉTICO INTERNACIONAL

Carácter /	Palabra
A	Alfa
B	Bravo
C	Charlie
D	Delta
E	Echo
F	Foxtrot (Imagina un baile)
G	Golf
H	Hotel
I	India
J	Juliet (Julieta)
K	Kilo
L	Lima
M	Mike
N	November
Ñ	Ñoño
O	Oscar

P	Papa
Q	Quebec
R	Romeo
S	Sierra
T	Tango
U	Uniform
V	Victor
W	Whiskey
X	X-ray
Y	Yankee
Z	Zulu

El método es flexible y admite tus propias palabras. Simplemente elige una palabra que te guste cuya inicial coincida con la letra a representar. Para estos ejemplos a continuación yo utilizaré mi palabra prefijada:

Ejemplo: CJ9

Necesitas aprenderte el código CJ9 para comprobar el stock disponible desde tu PC. No tienes bolígrafo para apuntarlo y necesitas retenerlo. Así que directamente a tu memoria:

Tienes 2 posibilidades:
1. Asociar las letras y números a la primera letra de una palabra:

Puedes corresponder **CJ9** a las letras **C**=**C**elda y **J**=**J**a (Risa) y **9**=**N**uez (de la Palabra-Número **9**=**Nuez**).

Si lo tienes que asociar con stock disponible, imagínate que en el almacén (**Stock**) hay una **C**elda (**C**) donde un prisionero se escapa muriéndose de la Risa (**J**) sobre una inmensa **N**uez (**9**).

2. O usar las palabras del alfabeto fonético internacional:

C= Charlie,

J= Juliet (Julieta) y

9 (que asocio otra vez con la Palabra-Número **9**=**Nuez**).

Ahora puedes visualizar como Charlie Brown (**C**) de los dibujos animados se escapa con Julieta (**J**) robándosela a Romeo, sobre una **N**uez (**9**) gigante hasta llegar a un almacén abandonado (**Stock**).

Y ahora más ejemplos:
Ejemplo: BWGNOYZ

Una **B**otella (**B**) de **W**hisky (**W**) con una **G**ema (**G**) dentro **N**ada (**N**) hasta la orilla donde un **O**gro (**O**) que hace **Y**oga (**Y**) la rompe (¡**Z**as!) (**Z**) de un golpe.

Ejemplo: SI7MX (Letras y números).

Un **S**eso (**S**) lleno de **I**ra (**I**) vuela sobre un pájaro enorme (**7**=a**V**e de la Palabra-Número **7**=**Ave**) con el pico atado para que no hable como un **M**udo (**M**) y llevando un **X**ilofón (**X**) en sus garras que lanzará como una bomba.

Ejemplo: BKSV

Con el alfabeto fonético internacional esta vez:

B=Bravo
K=Kilo
S=Sierra
W=Whiskey

Un toro **B**ravo (**B**) gigantesco engulle un **K**ilogramo (**K**) de **S**ierras (**S**) haciendo equilibrio sobre una botella de **W**hisky (**W**).

Como ves hay varias alternativas. Ensaya con las escenas y palabras que quieras. Practica 5 minutos con estos ejemplos:

DR
8DR
PBDS
JO5GT
KJUTDGH

¿Qué tal? Si has conseguido memorizarlos has progresado muchísimo. Haz este Test para comprobarlo:

TEST 26

Utilizarás:
El Método de la Asociación-Absurda
El Método de la Historieta
El Método de la Palabra-Sustituta
El Método de la Palabra-Número

Memoriza los códigos de cada artículo durante 5 minutos. Luego rellena los espacios en blanco. Un punto por cada acierto.

Camisa mujer: JL2
Librería: LK8
Carpeta: HNM
Termómetro: D4
Bolígrafo azul: BA90
Vela: UU7
Navegador: OP89
Folios: 8D
Ordenador: SDE33
Grapadora: YU6

Ahora rellena lo espacios en blanco:

Ordenador_____
Navegador_____
Grapadora_____
Librería_____
Termómetro_____

Folios_____
Carpeta_____
Bolígrafo azul_____
Camisa mujer_____
Vela_____

PUNTUACIÓN:__

Ya no olvidarás códigos ni claves

Ahora ya puedes memorizar también siglas, códigos de productos y contraseñas. Impresionarás con eso. ¿A quién acudirán para recordar cosas importantes?

Y tradúcelo en tiempo. ¿Cuánto tiempo ahorrarás si no revisaras códigos y contraseñas. Varios minutos al día que acumulados serían horas y días al año. Recordar códigos será muy útil para tu trabajo y vida personal.

Practica y verás que fácil. Cuando compres algo o uses cualquier artículo fíjate si trae un código y memorízalo. Ya sabes, imagina escenas graciosas con Asociaciones-Absurdas, Historietas, Palabras Número, etc. Da vida a un almacén o a un seso que saltan y se ríen. Lo más estrambótico que imagines. Alegría. Así recordarás todo. Y ahora más posibilidades para tu memoria combinando métodos.

Cómo recordar citas

Darás una imagen inmejorable recordando fechas y no olvidando citas. Es la medida por la que muchos te puntuarán. ¿Pero cómo lo haces si los días son intangibles y difíciles de visualizar? Pues una vez más, combinado los anteriores métodos cómodamente. Para empezar asocia el día de la semana a un número:

Lunes – 1
Martes – 2
Miércoles – 3
Jueves – 4
Viernes – 5
Sábado – 6
Domingo – 7

Y asocias las horas con su Letra-Número:

1= T - P
2= D
3= R
4= C - G -Q - K - Z
5= L
6= S
7= V - B

8= F
9= N
0= M

Supón que tienes un compromiso el miércoles a las 6.00 de la tarde. El Miércoles será el **3**er día de la semana, y las **6**.00 será el número **6**. Así obtendrás el número **36** de dos cifras. Y ahora al número **36=RS** asocias por ejemplo la palabra: *RiSa*. Así que *RiSa* es tu gancho para el miércoles a las 6. Si la cita es con *Carmelo Gastón* para hablar sobre unas *obras* en tu casa, añádelos también a la escena:

Risa=36
Gasta=Carmelo **Gastón**
Obra=**Obras** de tu casa

Visualiza a alguien muriéndose de la **Risa** mientras **Gasta** su dinero arrojándolo a una **Obra** llena de trabajadores.

(Incluso puedes añadir el nombre Carmelo=**caramelo** a la escena. Sería la misma escena donde en vez de dinero arroja caramelos a los trabajadores de la obra.)

Tu Armario de Citas, el método para retener todas tus citas y reuniones

Puedes hacer aún más efectivo el método usando un "Armario de Citas." Se trata de hacer tangibles las citas. Imagina un armario extra para visualizar tus compromisos. Cada vez que lo abras mentalmente verás tus citas de golpe. Será como una agenda, pero más rápido.

Imagina que quieres memorizar estas 4 citas y llevarlas a tu Armario de Citas:

-Cita 1: El Miércoles a las 2.00 tienes una comida con el Sr. Fuentes.

Miércoles = 3 = **R**
2.00 = 2 = **D**

Y el Sr. Fuentes los sustituirás por **fuente**.

Para vincular **R** y **D** a la **fuente** imagínate una **RueD**a que cae en una **fuente**. En primera posición pones la hora y después la persona o la acción. Guarda siempre un orden.

Sabes que es a las 2.00 de la tarde, no de la mañana, pero podrías añadir PM con la palabra *PuMa*. Visualiza la escena añadiendo un puma feroz que persigue a la rueda. Siempre que la escena incluya un puma feroz será PM.

(Si quisieras añadir minutos añades otra palabra que implique minutos. Si la cita fuera a y media **(30) 3=R** y **0=M**, e introduces en la escena un **ReMo**.)

-Cita 2: El Jueves a las 8.00 de la tarde has quedado para asistir a la reunión de vecinos.

Jueves=4=**C**
8.00=**F**
Reunión de vecinos=Visualiza tu **casa**.

Pues ahora imagínate derramando una taza de **CaF**é sobre el suelo de tu cocina de **casa**.

-Cita 3: Ejemplo: El sábado has quedado a la 1.00 con amigos para un partido.

Sábado=6=**S**
1.00=1=**T**
Partido=Imagina un **estadio** de fútbol.
Visualiza una enorme Se**T**a que ha crecido en medio de un **estadio** de futbol y es tan grande que ocupa todo el campo.

-Cita 4: Ejemplo: El Domingo has quedado a comer a las 1.00 en la calle O´Donnell.
Domingo=7=**V**
1.00=1=**T**
O´Donell=El **Pato Donald**.
Imagínate dando tu **VoTo** al **Pato Donald** para que sea presidente.

Ahora sólo tienes que acordarte de las palabras más significativas para tus 4 citas:

Rueda, Café, Seta y Pato Donald

Irán directas a tu Armario de Citas formando una Historieta. En cuanto abras tu armario verás una **Rueda** de coche llena de **Café** como si fuera una taza. En medio tiene una **Seta** venenosa sobre la que se sienta el **Pato Donald**.

Ahora diseña tu propio Armario de Citas para tus compromisos semanales. Toma tu lista de compromisos, asocia una escena absurda con cada uno y al armario con esa escena. Invierte 5 minutos para tus 5 citas semanales más importantes. Será un tiempo bien invertido.

-----------------5 Min-----------------

¿Controlas ya tus citas pendientes? Sólo tienes que abrir tu Armario y mirar dentro. Con este método ya nunca olvidarás tus citas. Te despertarás por las mañanas y de un vistazo a tu armario sabrás tus compromisos para los próximos meses. Y te organizarás mejor.

Si quieres memorizar más citas o las citas de otras personas, visualiza un armario mayor con tantos cajones como semanas quieras recordar. Puedes poner una etiqueta a cada cajón con un color o una palabra Palabra-Llave asociada. Si por ejemplo la semana próxima la asocias con nieve, visualiza un cajón blanco de nieve para ver a la primera tus citas de la próxima semana. También puedes añadir otra columna de 12 cajones de colores que simbolicen los 12 meses del año. O incluso añadir estanterías que simbolicen los años. Cada una con su color o la imagen de una Palabra-Llave.

Puedes agrandar este método tanto como quieras. También sirve para aprenderte que personas están disponibles y a qué hora. Imagina que para contactar con El Sr. Martínez debes llamar los Miércoles a las 12.00. Pues al Armario de Citas en la sección de personas. También puedes memorizar cuando hay que hacer pagos. O visualizar el horario semanal. Todo a tu armario. Las posibilidades son ilimitadas.

Date el lujo de tener todo a mano. Muchos creen que apuntarlo es más rápido, pero lo rápido es tenerlo en tu cabeza. Te ahorrará buscar y planificarás rápido. Puedes enseñarlo a tus compañeros también. Si la gente recuerda sus compromisos, tú también saldrás ganando. Estar rodeado de eficientes te hará más eficiente.

Recordar fechas es igual de fácil

Recordar una fecha también es sencillo. Imagina que quieres recordar el día en que acabó oficialmente la 2a. Guerra Mundial: 2 de Septiembre de 1945. Pues asocias:

2=D (Su Letra-Número)
Septiembre = 9º (mes)=**N** (Su Letra-Número)
1945=**T N C L** (Sus Letras-Número)

$$D+N+T+N+C+L = DaNTe\ NuCa\ aLa$$

Y te imaginas al poeta **DANTE** colocándose un **ALA** de un avión enemigo derribado en la **NUCA** para celebrar la victoria de los Aliados.

Memorizarás incluso tablas de números

¿Te gustaría aprenderte de memoria la siguiente tabla de números? Te daré 2 métodos.

	1	2	3	4	5	6	7	8	9	10
A	8456	26	189	6	632	33	5714	2458	2624	2626
B	4	55	865	5137	7435	4223	855	3462	3573	9067
C	7566	111	4614	773	6632	68	5679	677	5467	3797
D	257	6386	9985	3568	857	4615	579	8358	5673	7932
E	367	366	3567	3738	357	4568	8356	6456	6464	257
F	5588	8358	8746	879	6388	2385	5357	7467	8468	7947
G	2455	554	3457	5676	83	6362	5375	8995	3249	4674
H	4257	648	9979	37	999	7463	4556	3445	4566	7474
I	3677	6367	646	6456	645	83	6357	89	9677	459
J	6735	6826	7778	5548	3455	8645	4548	8488	638	4685

Método 1:

Es sencillo: asocia a cada posición una palabra (por ejemplo a la **G9** (G=G y 9=N) le asocias **GhaNa** (el país) y a esa palabra le añades como vínculo el número de la casilla. **3249 (ReD+CoNo)**:
Imagínate un pescador de GHANA desplegando una RED gigante y desesperado por pescar un CONO gigante en vez de peces.

Método 2:

Pero puedes hacerlo más sencillo. No necesitas una palabra para cada posición. Puedes por ejemplo asociar para siempre un país o región prefijados a la letra (p.ej. A=América, B=Brasil...) y para los números de columna usar una Palabra-Llave prefijada. Se trata de seguir siempre las mismas reglas. Así la cifra correspondiente a **A8** (que sería **2458)**, la averiguarías así:

A=América + **8=Muñeco de Nieve** (su Palabra-Llave) + **458=CaLiFa**. Y te imaginas a un **CALIFA** cortándole la cabeza a un **MUÑECO DE NIEVE** en el desierto **AMERICANO**.

He visto explicar en varias páginas cómo memorizar tablas de datos, pero es tan sencillo como esto. Aunque no quiero engañarte, tendrás que ensayar. Pero una vez que pruebes será tuyo para siempre.

Incluso memorizarás (y crearás) códigos visuales

También podrás memorizar códigos visuales. Mira esta tabla: La primera fila está rellenada sólo la posición 5. Por lo tanto: Fila **1** + Posición **5** = 1+5 = TeLa

Más filas:

Fila **2** + Posiciones **2, 3, 5, 8**
=**2**+**2358**= **DaDo**+**ReaL**+**Fa** (Un **DADO REAL** vestido como un rey baja las escaleras del palacio cantando la nota **FA** abriendo una boca enorme que va desde el suelo hasta el techo).

Fila **3** + Posiciones **4, 5, 6**
=**3**+**456**= **RoCa LiSa** (En una **ROCA** en medio de una tormenta marítima, **LISA,** la de los Simpsons, toca su saxofón.)
Etc.

Luego cuando tengas las 10 escenas, tomas las palabras más representativas de cada una (tela, dado, roca...) y las vinculas con una historieta. Así tendrás la tabla en tu mente.

Muchos se vuelven locos para memorizar una tabla así. Pero tú lo harás en unos segundos. No necesitas complicados métodos. Otra ventaja es que así podrás crear tú tus propias tablas visuales para guardar contraseñas.

Cómo impresionar a tus amigos (y a cualquiera) con tu nueva supermemoria

Ahora verás más posibilidades de asociar que impresionarán a cualquiera. No sólo evitarás el *"¡Que tal Pereda, me alegro de verte! ¿Qué tal tu mujer?"* y que Pereda te diga que se separó hace 5 años, sino que recordarás detalles y datos que asombrarán a todo el mundo.

Por ejemplo: di a tus amigos que cada uno elija un objeto y una letra. Luego dirás que nombren ese objeto y tú repetirás la letra. O viceversa. Causa impresión y es fácil. Sólo necesitas una palabra que empiece por esa letra y asociarla al objeto elegido. Si por ejemplo el objeto es una pantalla y la letra es la **T**, visualiza a tu amigo rompiendo una pantalla a Telefonazos. Incluso puedes hacerlo con un objeto y más letras. Cada una sería inicial de otra palabra que asocias.

La carta perdida

Otro ejemplo con el que asombrarás es con la "carta perdida." Pide a alguien o a varios amigos que reciten una baraja entera de cartas, pero dejando una sin recitar. Y tú la acertarás. Consiste en tener una Palabra-Llave para cada carta y luego destrozar mentalmente esa Palabra-Llave. La que quede sin destrozar será la que falta.

Para empezar necesitas asociar las cartas a unas Palabras-Llave. Serían 40 palabras con la barraja española o 52 con la inglesa (que incluye los 8,9 y 10). Memorizar la baraja será tan sencillo como construir palabras de dos sílabas. La primera representará al palo y la segunda al número con una letra número. Si tienes un monosílabo para una carta con el que te encuentres cómodo, adelante. Los métodos son flexibles y puedes elegir lo que prefieras.

Por ejemplo para designar los corazones asignaríamos primero la letra C de corazones en la primera sílaba y luego la letra-número del número correspondiente. Tendrías así:
   -As de Corazones=C+T=CoTo (un coto de caza)
   -Dos de Corazones=C+D=CaDDie (asistente de golf)
   -Tres de Corazones=C+R=CaRRo
   etc.

O si fuera con los tréboles:
   -As de Tréboles= T+T=TeTa
   -Dos de Tréboles=T+D=Tedio (alguien tumbado en una hamaca)
   -Tres de Tréboles=T+R= Toro
   etc.
   -(Para el 10 podrías utilizar el 0 (letra M) y para la Sota, Reina y Rey (J, Q y K en la baraja inglesa) insertar una letra o formar una palabra de 3 sílabas).

Así te construirás tu propia baraja mental con sus Palabras-Llave. Podrás hacerlo en 20 minutos. Y luego cuando empiece la prueba simplemente asociarás, cada vez que te nombren una carta "márcala." Si por ejemplo sale el As de Corazones en primer lugar asócialo negativamente con la primera Palabra-Llave del sistema original (**1º=Tuno**) = Imagina un tuno quemando un coto de caza. Así la "marcarás" y sabrás también en qué posición salió. Si la segunda carta (2ª=Dado) fuera el 3 de tréboles (Toro), imagina un dado cayendo sobre un toro y decapitándolo. Con práctica verás imágenes antes de que tu amigo termine de recitar la carta.

Cuando hayan terminado de recitar las cartas, repasa mentalmente la baraja hasta dar con el objeto no mutilado. Ese será el naipe o los naipes que faltan. Como además los asociaste a tus Palabras-Llave para las primeras 52 posiciones sabrás en qué orden han salido. ¡Y sorprenderás aún más!

Otro modo es representar las cartas con tus primeras 52 Palabras-Llave en la barraja inglesa (o 40 en la baraja española) y según vayan a saliendo asociar algo destructivo a esa palabra llave. Aquí no memorizarás en qué orden sale la carta, pero para saber la carta faltante es suficiente.

Puedes hacer esta demostración con números también. Simplemente usa tu lista original de Palabras-Llave y "mutila" según vayan saliendo números. Las Palabras-Llave que queden enteras serán los números que faltan.

La carta escondida

Otra posibilidad es pedir a tus amigos que cada uno elija una carta y te diga un lugar inventado donde la esconde. Luego te repetirán una carta y tú dirás inmediatamente dónde está.

El proceso es asociar el "escondite" a la Palabra-Llave del naipe según te lo recitan. Por ejemplo si el As de Corazones (Coto) está en el *garaje*, imagina que tu *garaje* se ha convertido en un coto de caza donde corren miles de búfalos destrozando tu coche. Luego cuando reciten el nombre de una carta tú verás esa imagen absurda a la primera y dirás el escondite.

Cómo recordar todos los números y objetos que quieras

También impresionarás a tus amigos recordando números y objetos en orden. Pídeles por ejemplo que escriban una serie de números. Imagina que te dan 30. Pues simplemente asocia las Palabras-Llave que indiquen las posiciones a otra Palabra-Llave que asocie ese número. Aquí tienes 2 posibilidades:

Una es utilizar una lista alternativa de Palabras-Llave para los números de tus amigos y asociarla a tu lista de Palabras-Llave original. Si por ejemplo en primera posición (Tuno en la lista original) te dan el número 91. Asocias Tuno con una Palabra-Llave secundaria que implique 91 (por ejemplo Nata). A un tuno le han estampado un pastel de nata en la cara.

O más sencillo, utiliza tus mismas Palabras Llave 2 veces. Si por ejemplo a la posición 31 (Rata) le corresponde el número 54 (*Loco*), pues te imaginas una *rata*, (lo primero que visualizas es el número de la posición), comiéndose a los *locos* de un manicomio.

Lo bueno de asociar es que no hay límite. Podrás impresionar más a tus amigos pidiendo que añadan más palabras. Y tú simplemente asociarás otra palabra más. Si por ejemplo al caso anterior le añaden una lámpara imagina una *rata* comiéndose a los *locos* de un manicomio. Pero la rata muere porque le cae una enorme *lámpara* encima.

Recuerda también que puedes utilizar sistemas que asemejen los números a una forma. El 1 es similar a una columna, el 2 a un pato, el 10 a un guerrero con una lanza, etc. Todo sirve para obtener resultados. El único límite es tu imaginación.

También puedes dominar el alfabeto morse

Otro beneficio entre muchos es dominar el código morse de puntos y rayas. Consiste en asociar una letra al punto y otra a la raya, y luego construir una palabra con cada código.

Por ejemplo el punto es la letra R y la raya una T (o una D). Al ser 2 de las letras más usadas funciona bien. Lo utilizan otros métodos también. Quedaría así:

A	•—	rata
B	—•••	terror
C	—•—•	tortura
D	—••	tarro
E	•	aro
F	••—•	herradura
G	——•	títere
H	••••	arra rara
I	••	arra
J	•———	rata + teta
K	—•—	tarta
L	•—••	ríe torero
M	——	teta
N	—•	tiro
Ñ	——•——	tatuar dado
O	———	Dadote (dado grande)
P	•——•	radiador
Q	——•—	teterita (tetera pequeña)
R	•—•	rotar
S	•••	horror
T	—	té
U	••—	reherido (herido 2 veces)

Asocia con tus propias palabras si te sirve para entender los puntos y rayas. Aprenderás el alfabeto morse en menos de media hora. No se trata de ser un experto sino de defenderte. Y que veas una vez más que con estos 5 métodos puedes resolver cualquier situación. No encontrarás nada relacionado con la memoria que no admita estos métodos.

Ser una enciclopedia andante ¿por qué no?

El Everest mide 8.848 metros. Puedes asociarle las Palabras-Llave Fifa+Café e imaginarte la final del mundial de Futbol jugándose en la cima del Everest sobre una taza de café. Otro dato fácil de memorizar.

Puedes convertirte en una enciclopedia andante gracias a las imágenes. Podrás retener datos como que la capital de Tanzania es Dodoma imaginándote a Tarzán (Tanzania) domando (Dodoma) un león. O que Alemania tiene 81 millones de habitantes asociando la Palabra-Llave feto con Alemania. Imagínate a un bebe naciendo vestido con el traje típico bávaro y una cerveza en la mano. Las posibilidades son infinitas.

Hace poco vi también un método para memorizar la posición de cada letra del alfabeto y poder recitarlo al revés. Consistía en poner adjetivos a las Palabras-Llave. Por ejemplo para recordar la letra C que va en tercera posición añadirías un adjetivo que empiece por C a Res que es la 3ª Palabra Llave = **Res Conocida**. Y te imaginas a un toro que va de fiesta en fiesta muy popular y con muchos amigos. Podrías tener también estas asociaciones:

1.=**T**uno + **A**lto (un tuno de 2,10 metros que se distingue entre la multitud)
2.=**D**ado + **B**ruto (un dado muy agresivo que se dedica a empujar y dar patadas al que ve)
3.=**R**es + **C**onocida (el toro que va de fiesta en fiesta)
4.=**C**uadro + **D**omado (un vaquero cabalgando sobre el cuadro de La Gioconda)
...

16.=**T**os +**O**stentosa (una tos que se oye a 100 kilómetros)
...
etc.

Si quieres saber al momento en que posición va cada letra simplemente recuerda su adjetivo oficial y tendrás su posición. --> La O va en 16a posición porque Ostentosa va con Tos (Palabra-Llave 16).

¡Ya lo dominas! Test avanzados para ser un Genio de la Memoria

Los sistemas que has visto tienen un alcance mayor de lo que ves aquí. Esto es sólo el principio, de las posibilidades que tendrás con una supermemoria. Ahora sólo depende de ti el memorizar naipes, datos, catálogos, libros o lo que quieras retener en la memoria. Solo tienes que combinar estos sistemas a tu gusto y lo tendrás.

Aún siendo repetitivo, insisto en que el único límite lo pone tu imaginación. Inténtalo. Una vez que atraviesas esa barrera invisible es para no volver. Estás en otra dimensión, ahora ves que puedes memorizar cartas, datos de países o lo que sea. Lo que para otros es un milagro para ti será pan comido.

Guíate con las demostraciones de este libro. Si lo hiciste una vez lo puedes hacer más. Me alegrará que veas que puedes. Aunque sólo retengas uno o dos métodos ya será mucho. Solamente con Asociaciones-Absurdas tu memoria se disparará.

Cuéntame tu caso si quieres enviándome un email a info@davidvalois.com. Que tu capacidad sea varias veces mayor que lo que imaginabas será mi mayor alegría.

Ya dominas todos los métodos. Ahora te adjunto Test que son una combinación de lo aprendido hasta ahora. Si los resultados de estos Test todavía no son buenos, no te preocupes, lo serán más tarde, te lo aseguro. Entrena un par de minutos diarios en tu vida real y verás. Tu capacidad no pasará inadvertida. ¡A por ello!

TEST 27

Utilizarás:
El Método de la Asociación-Absurda
El Método de la Historieta
El Método de la Palabra-Sustituta
El Método de la Palabra-Número
El Método de la Palabra-Llave

Imagina que necesitas memorizar el número de habitación de hotel de estas personas y en éste orden. Deberás recordar sus nombres (*Método de la Palabra-Sustituta*), su número de habitación (*Método de la Palabra-Número*) y el orden (*Método de la Palabra-Llave*), todo ello unido con Asociaciones Absurdas o Historietas. Estudia esta lista en 9 minutos. Luego tápala y rellena los espacios en blanco. Cada acierto vale un punto.

1. Sra. Gyvenchy Habitación 314
2. Sr. Suárez   Habitación 500
3. Sr. Fernández Habitación 340
4. Sra. Godoy   Habitación 220
5. Sra. Webster   Habitación 670
6. Sr. Galindo   Habitación 499
7. Sra. Vilches   Habitación 765
8. Sr. Young   Habitación 527
9. Sr. Belleti   Habitación 432
10. Sra. Kyrilenko Habitación 654

Tapa y rellena lo espacios en blanco:
  __ Sr. Suárez   _____
  __ Sra. Vilches   _____
  5. _____   _____
  __ _____   Habitación 654
  __ _____   Habitación 220
  9. _____   _____
  1. _____   _____
  __ _____   Habitación 499
  __ Sr. Fernández _____
  8. _____   _____

PUNTUACIÓN:__

TEST 28

Utilizarás:
El Método de la Asociación-Absurda
El Método de la Historieta

El Método de la Palabra-Sustituta
El Método de la Palabra-Número
El Método de la Palabra-Llave

Durante 10 minutos memoriza estos nombres y apellidos con sus teléfonos y en orden. Utilizarás el *Método de la Palabra-Sustituta, el Método de la Palabra-Número y el Método de la Palabra-Llave*. Como siempre, todo combinado con *Asociaciones Absurdas*. Luego tapa la lista y rellena los espacios en blanco. Un punto por cada acierto.

1. Felipe Deveraux / 456 349 0987
2. Carmen Quintela / 478 098 1745
3. Tom Degremont / 851 875 0935
4. Alberto Bengoechea / 762 113 7849
5. Susana De La Mano / 094 989 0098
6. Viviana Domínguez / 822 167 7382
7. Javier Andreu / 982 348 9143
8. Gianfranco Bertoni / 452 098 6726
9. Diego Tévez / 678 123 4385
10. Ana Bustillo / 378 712 3334

Estúdialo 10 minutos, tapa y rellena lo espacios en blanco:

5. _____ / _____
__ Gianfranco Bertoni / _____
__ Felipe Deveraux / _____
__ _____ / 982 348 9143
__ _____ / 478 098 1745
4. _____ / _____
9. _____ / _____
__ Tom Degremont / _____
__ _____ / Viviana Domínguez
__ _____ / 378 712 3334

PUNTUACIÓN:_

TEST 29

Utilizarás:
El Método de la Asociación-Absurda
El Método de la Historieta
El Método de la Palabra-Sustituta
El Método de la Palabra-Número

Ahora trata de recordar los nombres con su fecha de cumpleaños y su color favorito. Utilizarás el *Método de la Palabra-Sustituta*, la *Palabra-Numero* y lo unirás con *Asociaciones Absurdas* o *Historietas*. Invierte 9 minutos. Un punto por cada acierto.

María / 26-5-65 / azul
Carlos / 30-3-79 / negro
Pedro / 18-2-84 / rojo
Leslie / 15-1-85 / morado
Tania / 9-8-05 / naranja
José / 6-4-95 / amarillo
Úrsula / 2-9-35 / gris
Alfredo/ 30-12-75 / blanco
Fidel / 28-10-54 / granate
Carla / 4-7-55 / verde

Estúdialo 9 minutos, tapa y rellena lo espacios en blanco:
Úrsula / _____ / _____
_____ / 18-2-84 / _____
_____ / 6-4-95 / _____
Leslie / _____ / _____
María / _____ / _____
_____ / _____ / naranja
_____ / 4-7-55 / _____
Alfredo / _____ / _____
_____ / _____ / negro
_____ / 28-10-54 / _____

PUNTUACIÓN:__

TEST 30

Utilizarás:
El Método de la Asociación-Absurda
El Método de la Historieta
El Método de la Palabra-Sustituta
El Método de la Palabra-Número
El Método de la Palabra-Llave

Ahora memoriza durante 9 minutos las posiciones de estos países con sus prefijos telefónicos. Usarás el *Método de la Palabra-Llave,* el *Método de la Palabra-Número* y las *Asociaciónes-Absurdas* o *Historietas.* Medio punto por cada número memorizado.

1. Bahamas 1809
2. Brasil 55
3. China 86
4. Martinica 596
5. México 52
6. Mónaco 377

7. Noruega 47
8. Chile 56
9. Panamá 507
10. Perú 51
11. Colombia 57
12. Portugal 351
13. Dinamarca 45
14. Rumania 40
15. Singapur 65
16. Finlandia 358
17. Francia 33
18. Guadalupe 590
19. Venezuela 58
20. Puerto Rico 1787

Ahora rellena lo espacios en blanco:
___ Portugal _____
___ _____ 55
___ _____ 45
20. _____ ___
___ Bahamas _____
14. _____ ___
___ Singapur _____
3. _____ ___
___ _____ 358
___ Martinico _____
11. _____ ___
5. _____ ___
___ _____ 58
8. _____ ___
17. _____ ___
___ _____ 377
___ Noruega _____
___ _____ 51
___ Guadalupe _____
___ Panamá _____

PUNTUACIÓN:___

TEST 31

Utilizarás:
El Método de la Asociación-Absurda

El Método de la Historieta
El Método de la Palabra-Sustituta
El Método de la Palabra-Llave

Durante 5 minutos estudia la posición y los nombres de los cónyuges de esta lista. Luego tapa la lista y rellena la posición que ocupan y el respectivo cónyuge. Cada acierto vale un punto.

1. Alejandro López / Esther
2. Marta Rivas / Phil
3. Inés Albarrán / Pablo
4. Antonio de Las Heras / Claudia
5. Susana Gordejuela / Carlos
6. Ana Torres Álvarez / José María
7. David Villalvilla / Beatriz
8. Gundula Kowe / Gonzalo
9. Otto Von Neuburg / Susanne
10. Rosario Devonshire / Joaquín

Estúdialo 5 minutos, tapa y rellena la posición y el cónyuge:

Susana Gordejuela / __ _____
Alejandro López / __ _____
David Villalvilla / __ _____
Gundula Kowe / __ _____
Marta Rivas / __ _____
Inés Albarrán / __ _____
Antonio de Las Heras / __ _____
Ana Torres Álvarez / __ _____
Otto Von Neuburg / __ _____
Rosario Devonshire / __ _____

PUNTUACIÓN:__

Cómo beneficiarte de los Test

¡Ya está!

Te admiro. Si has llegado aquí tienes todo lo que necesitas para una memoria portentosa. Además de datos y números podrás memorizar cursos, noticias o textos para utilizarlos según te convenga. Ahora ya dominas las 5 técnicas para tener una supermemoria y te beneficiarás memorizando en tu día a día todo lo que te interese.

¿Sabes de quién se acordarán para las operaciones importantes? ¿Y de quién se acordarán a la hora de los ascensos? Del que contesta al momento una pregunta clave mientras los demás se quedan pensativos.

CLAVES RÁPIDAS:

- Con Palabras-Llave que se asocien a una posición podrás construirte un Armario Mental para guardar cientos de datos en orden. Se trata de asociar una palabra a un número que indique la posición. Si por ejemplo quieres visualizar la séptima posición, puedes asociar el 7 con la Palabra-Llave AVE. (La V de aVe viene del número 7 del Método de la Palabra-Número). Ahora relacionando la séptima posición con ave, o sea algo que vuele, lo tendrás.
- Puedes crear tus propias Palabras-Llave igual que con los otros métodos. Incluso puedes ampliar tu Armario Mental a miles de posiciones con este método.
- Las combinaciones de estos métodos para memorizar son infinitas, sólo tienes que combinarlos. Podrás memorizar códigos, naipes, fechas, citas, el alfabeto morse, y cualquier dato. Además de impresionar a cualquiera con tu supermemoria.

EPÍLOGO

Cómo conservar (y aumentar) tu nueva supermemoria

NO PODÍA FALTAR en un libro de memoria el clásico apartado sobre que alimentos potencian el cerebro. Y mi respuesta es ésta: con los métodos que has visto no los necesitaras.

Pero si quieres alimentos naturales y sanos para favorecer tu concentración y tener largas horas de superrendimiento mental, aquí van:

Alimentos que potencian la memoria

Hay alimentos que potencian tu cerebro y te darán mucho tiempo de concentración. Son buenos porque cuidarán tu cerebro a largo plazo. Con ellos vivirás más y evitarás el Alzheimer o la demencia senil. Muchos contienen magnesio, fósforo, la antioxidante vitamina E y la vitamina A que protege las células cerebrales. Aquí van:

1. **Arándanos**:

Toma arándanos y verás como piensas más rápido y estudias en modo turbo. También disminuirán la oxidación de tu cerebro y reducirán la demencia senil y el Alzheimer.

Si están fuera de temporada toma uvas, bayas de goji, moras o cerezas

2. **Brócoli**

Contiene colina, nutriente que ayuda a estimular el crecimiento de nuevas células cerebrales

3. **Guaraná y Ginkgo Biloba**

Te recomiendo el Guaraná y el Ginkgo Biloba como suplemento natural. Estimulará tu cerebro para memorizar durante varias horas.

4. **Té verde:**

Contiene catequinas que impiden la fatiga cerebral y mejoran la memoria. También aumenta la producción de dopamina, un neurotransmisor clave para el cerebro.

5. Nueces

El clásico alimento popular para mejorar tu capacidad cerebral. En comparación con otros frutos secos, las nueces tienen más ácidos grasos omega-3 que potencian tus neurotransmisores para pensar rápido.

6. Espinacas

Contienen potasio para la conductividad eléctrica del cerebro y así acelerar el pensamiento. También tienen antioxidantes para proteger las neuronas, magnesio, folato, vitamina E y vitamina K que disminuyen el riesgo de demencia.

7. Vegetales de hojas verdes

Contienen hierro para eliminar falta de ánimo y el pensamiento confuso.

8. Calabaza

Contiene ácido fólico y vitamina B12 que previene el daño cerebral. También mejora la transmisión de la información entre neuronas.

9. Cúrcuma

Presente en el curry, el cúrcuma además de ser un anti cancerígeno mantiene tu cerebro. Contiene también curcumina, que previene el Alzheimer.

10. Chocolate amargo:

Su contenido de cafeína alerta tu mente. Contiene también flavonoides para la circulación sanguínea al cerebro. Mejor en pequeñas dosis para no crear adicción.

11. Alimentos antioxidantes

Tu color a partir de ahora será el rojo: tomates, fresas, granadas, etc. Todos sus antioxidantes actúan contra los radicales libres que atacan tus células cerebrales.

Añade cualquiera de estos potenciadores a tu dieta y bebe mucha agua. De hecho tu cerebro está compuesto en un 85% de agua. (Prueba a tomarte dos vasos de agua ahora y verás cómo te sientes mejor y piensas más rápido.) Pero esto combínalo también con:

- Dormir bien. Merece la pena acostarte antes y dormir 8 horas. No intentes ganar una hora al sueño estudiando o leyendo. Ante la duda descansa porque al día siguiente estudiarás o leerás mucho más. Una vez oí que un genio es quién trabaja intensamente y sabe retirarse a tiempo a dormir.
- Deporte, aunque sea poco. El mejor momento para tu cerebro es tras sudar la camiseta. Esa inyección de endorfinas podrá con todo.
- Reírte y jugar. Como lo oyes.
- No comer mucho antes de leer o estudiar: Sino tu cuerpo estará con tu estomago, no con tu mente. ¿Recuerdas lo que te lastró aquella digestión tras una gran comida? Come tirando a poco y guárdate para otra comida más tarde, como un premio.

- Nunca se insistirá suficiente en que el tabaco o cualquier tipo de droga es perjudicial. Lo que crees ganar a corto plazo, lo perderás en un futuro con creces.

7 Consejos rápidos para memorizar o estudiar datos

En el caso de que necesites memorizar muchos datos de golpe (unas oposiciones o una presentación), esto te ayudará:

1. Tener todo a mano. Levantarte para buscar ese libro o ese bolígrafo que falta romperá tu concentración.
2. Estar cómodo. Conozco gente que sólo lee tumbado. Otros eligen su sofá favorito.
3. Una buena iluminación. Ni mucha, porque el reflejo del folio es molesto, ni poca, porque cansará tu vista. Que venga mejor de tu espalda.
4. Haz pausas-premio cada 5 minutos de memorización. Durante esos minutos desconecta, no intentes repasar mentalmente lo aprendido.
5. Si no hay manera de concéntrate levántate y da un paseo.
6. Elimina distracciones. Las habitaciones interiores y un cartel de "No molestar" nunca fallan.
7. No desperdicies las mañanas a primera hora. Tu concentración luego irá decayendo hasta después de la comida donde tocará fondo.

Una buena Memoria alargará tu vida

¿Cómo puede acordarse de todo? Es un superdotado, creerán. Pero lo único que has hecho será aplicar unos métodos sencillos. Como viste, puedes memorizar cientos de datos y números con divertidas imágenes mentales. Basta una imagen para dar con esos códigos o lista de asuntos pendientes.

No te creas que hoy con los ordenadores y tanta tecnología sea innecesario memorizar. (Hace 50 años decían lo mismo y nada ha cambiado.) No puedes perder tiempo y depender de tu agenda u otras personas. No puedes causar una mala impresión con un "*no lo sé, tengo que mirarlo.*"

Todo el mundo admira una gran memoria. Todos buscan a alguien sólido que pueda retener los datos que la mayoría olvida.

Conozco también a personas mayores con deficiencias en articulaciones o mermadas por la edad. Pero con una vitalidad y una memoria increíble que compensa todo. Muchos incluso empezaron tarde con estos métodos para la memoria. Pero los resultados fueron asombrosos y hoy su memoria funciona mejor que nunca. Retienen con facilidad teléfonos, nombres, caras, números, historias, argumentos, imágenes y todo tipo de listas.

El ejercicio mental es igual de que el físico. Si ejercitas tu imaginación y la memoria, estás haciendo flexiones, natación y maratones con tu cerebro. Y una vida larga te espera así.

¿Edad? ¿Qué edad?

El cerebro continúa creciendo incluso a edad avanzada. En un ambiente estimulante las células de tu corteza cerebral seguirán formando conexiones. Esto significa que si te pones retos la mantendrás activa una supermemoria.

Una de las razones de la ineficiencia en tantas organizaciones y la sociedad en general, es que muchos han de jubilarse involuntariamente. Hay gente que quiere seguir pero unas leyes estúpidas y de intereses creados fijan la edad de jubilación en 65 años en muchos países. Como si a partir de ahí fueran inservibles. Lo malo es que los propios jubilados se lo creen y se preparan para una muerte prematura sin sentido. Si la gente supiera lo que puede hacer con 80 o 90 años se quedaría petrificada. Con 65 años se es joven y las empresas pierden a gente sabia. Pero se puede tener más capacidad de retentiva a los 70 que a los 20. Se puede ser más listo a los 70 que a los 20. Sólo tienes que ejercitar tu memoria y te sentirás cada día mejor.

Recientemente el director de una conocida empresa de decoración me dijo que su mejor vendedor tenía 79 años. Era el más convincente por su conocimiento del producto, o sea su memoria. Se conocía al dedillo el producto y los posibles cierres de ventas. Sabía superar cualquier obstáculo. El vendedor de 79 años vendió esa misma mañana un cuadro a un cliente porque recordaba que ese cliente cumplía su 25 aniversario de casado. Le llamó para recordarle que se acercaba su aniversario y que era hora de pensar en un gran regalo. Su cliente se emocionó al ver que alguien se acordaba de él porque ni sus amigos llevaban la cuenta. El vendedor de 79 años sólo tuvo que recordar una especificación técnica y otra técnica de cierre de venta y lo tenía. La comisión fue jugosa. Otra más en su carrera.

Nada beneficia más que invertir en una buena memoria

Con este libro, experimentarás una mejora continua en los próximos meses. Y cuando te veas con más conocimientos que los demás y recuerdes mayor cantidad de información —cifras, detalles y datos—, tendrás una ventaja decisiva. Con este sistema tendrás la herramienta más útil de todas. Con estos 5 pasos mejorarás en cualquier área de tu vida. Aquí va lo que conseguirás:

- La memoria es dinero, y con una buena memoria te pagarán muy bien.
- Se acabaron los dichosos olvidos, de una vez por todas.
- ¿Ese número de teléfono? Te lo sabrás de memoria.
- ¿Las claves numéricas? Ningún problema. Evitarás escribirlas y tu seguridad aumentará.
- Tu mente será una computadora andante, citas , fechas y tu plan para los próximos meses en tu cerebro.
- Te beneficiarás en forma de reconocimiento público (y de ascensos) en tu trabajo.
- Recordarás cualquier nombre. (y sus cumpleaños) ¿sabes que poder te daría eso?
- Asombrarás a cualquiera. Recitar una lista tras leerla dejará boquiabiertos a muchos.
- Memorizarás códigos de un plumazo. Absorberás ese estudio lleno de

referencias para el que otros necesitarán meses.
- Puedes enseñar estos métodos a tu equipo: adiós olvidos y mayor rendimiento multiplicado por el número de personas de tu equipo. ¡Mucho tiempo y dinero ganado!
- Reducirás del 20 al 60% la duración de tu trabajo al tener todos los datos en tu cabeza.
- Preocupaciones fuera, todo lo planificarás de antemano.
- Mejorarás aún más con la práctica.

Pero puedes mejorar tu memoria hasta límites insospechados. La buena noticia es que puedes conseguir una supermemoria que funcione a toda máquina. Y a cualquier edad. Es más fácil aprender a recordar datos, que aprender cualquier deporte.

Otra ventaja: Ganarás mucho tiempo. ¿Malgastas tu dinero en información que luego olvidas? Pues se acabó. A partir de ahora te acordarás de todo lo que necesites. Porque puedes ser una auténtica computadora andante si te lo propones. Como dice William James: "El que conserva lo que adquiere obtiene nuevos logros, mientras que sus vecinos perderán su tiempo volviendo a aprender lo que sabían pero olvidaron."

Te convertirás en un Genio de la Memoria, incluso si siempre has tenido una memoria desastrosa. Con este sistema paso a paso estás a una tarde de una supermemoria

Sólo necesitas una tarde para los 5 pasos. Y podrás implementar estas técnicas inmediatamente. Una cualquiera puede transformar tu inteligencia para siempre. Puede ser la solución q esperabas.

Cuanto antes empieces, antes podrás memorizar todo e impresionar a la gente. Te ganarás a la gente recordando nombres y caras. Te lucirás en una reunión. Crearás una organización de la nada, O mejorarás como vendedor recordando precios. Y puedes empezar esta tarde, con 80 años si quieres.

Una última cosa

Está en tu mano conseguir una buena memoria o cualquier meta que te propongas en la vida. Todo tiene solución. La viaja máxima de que aquello en lo que piensas se vuelve realidad sigue vigente. Así que piensa que eres capaz de tener una gran memoria y la tendrás.

Tienes mil avatares durante el día, pero piensa en que igualmente conseguirás tus metas y lo conseguirás. Los obstáculos diarios serán prefectos. Necesitas esa lección para fortalecerte y hacerte más listo Bienvenidos. Y así irás directo a tus metas.

Así que confía en ti. Piensa en que eres el mejor. Porque lo eres. Los que buscan autosuperarse mejorando su memoria son dignos de admiración y siempre llegan lejos.

La buena memoria te convertirá en indispensable y el mejor pagado de tu profesión. Y tendrás una memoria increíble con los 5 métodos de este libro. Recordarás los datos que te desmarcarán del resto. Y te convertirás en el Número Uno.

Te convertirás en el número uno porque ya lo eres. Que leas un libro sobre como potenciar tu memoria te sitúa entre los elegidos.

Tu Regalo GRATIS

Por confiar en mí, te ofrezco gratis este Report.

Las 3 Claves

Para Llegar Lejos

Son los 3 secretos que sigue la gente con éxito. (Y no es nada de lo que te dijeron).

Sé que intentas tener éxito y no es fácil. No sabes qué cambiar para ganar más dinero, tener mejores relaciones y conseguir una salud increíble.

Pero con Las 3 Claves Para Llegar Lejos descubrirás <u>el método rápido para tener éxito</u> en tu carrera y vida personal.

No creerán en ti pero cuando descubras estas 3 claves...

Descárgalo en **www.llegarlejos.com**

Gracias

Antes de que te vayas, quiero decirte Gracias por comprar mi libro.

Sé que podías haber elegido docenas de libros, pero lo intentaste con mi sistema.

Ahora sólo quiero pedirte un *pequeño* favor. Apartar un minuto y dejar un testimonio de mi libro en Amazon.

Me encantaría oír tu opinión.

El boca a boca es crucial para cualquier autor. Si tienes un momento te lo agradecería mucho.

¡Gracias!

Más Libros de David Valois

Gestión del Tiempo: TODO Lo Que Hay Que Saber.

http://amzn.to/1b86suA

El Método Rápido para Eliminar tus Malos Hábitos

http://amzn.to/1itjZNS

17 Maneras (que nunca te dijeron) Para Conseguir

AUTODISCIPLINA

http://amzn.to/1d5zGtW

1 Reglas para ser el mejor ESTRATEGA y PLANIFICADOR

http://amzn.to/1g7pOR

30 Maneras de Aumentar Tu Productividad

http://amzn.to/1cFtlce

MOTIVACIÓN: Cómo Tenerla Todos Los Días (21 Secretos)

http://amzn.to/17OedoM

Cómo Cambiar Tu Vida (A Cualquier Edad)

http://amzn.to/1qpyXxF

25 Claves De Superación Personal

http://amzn.to/1iBsEBL

Cómo Vencer Todos Tus Miedos

http://amzn.to/1jLw1Xc

AUTODISCIPLINA en 1 Semana

http://amzn.to/1Qr6Rdq

COACHING PERSONAL hecho simple

http://amzn.to/1oOXv3Y

David Valois

Leyó todo sobre superación personal para pasar del fracaso y las deudas a que su propio negocio le jubile. De estar desesperado y endeudado, a la vida que deseaba.

Ha plasmado esa experiencia en varios libros para que cualquiera pueda alcanzar sus objetivos de negocio y personales.

Como le gusta decir: Me desespera que tanta gente desperdicie su vida por falta de algún consejo.

Pero su expresión preferida es: ¡Puedes conseguir todo lo que quieras si te lo propones! Y con mis consejos llegarás 10 veces más rápido.

Escritor por la mañana y disfrutador de la vida por la tarde, es un apasionado de la lectura. Una última cosa... Cuando pases de página, Amazon te dará la oportunidad de compartir tus pensamientos sobre este libro en Facebook y Twitter.

Si crees que merece la pena compartir este libro, ¿podrías tomarte unos segundos y mostrárselo a tus amigos?

Si puede servir para mejorar su vida te lo agradecerán eternamente. Y yo también.

Made in the USA
Lexington, KY
09 September 2019